LOS
30
HORRORES
QUE COMETEN LAS
MUJERES
Y CÓMO EVITARLOS

A PESAR DE LOS ERRORES, TODAVÍA
PUEDES FLORECER

LOS
30
HORRORES
QUE COMETEN LAS
MUJERES
Y CÓMO EVITARLOS

A PESAR DE LOS ERRORES, TODAVÍA PUEDES FLORECER

NORMA PANTOJAS

WHITAKER
HOUSE

LOS 30 HORRORES QUE LAS MUJERES COMETEN Y CÓMO EVITARLOS
A Pesar de los Errores Todavía Puedes Florecer

Edición: Ofelia Perez

ISBN: 978-1-62911-379-1
eBook ISBN: 978-1-62911-380-7
Impreso en los Estados Unidos de América
© 2015 por Norma Pantojas

Whitaker House
1030 Hunt Valley Circle
New Kensington, PA 15068
www.whitakerhouseespanol.com

Por favor envíe sugerencias sobre este libro a: comentarios@whitakerhouse.com.

2 3 4 5 6 7 8 9 10 11 12 **W** 23 22 21 20 19 18 17 16

Contenido

Horrores

Horror 1

Creer que tener relaciones sexuales antes del matrimonio evita que el hombre te abandone.

Horror 2

Creer que todas las promesas que te hace un hombre son fieles y verdaderas.

Horror 3

Creer que después de terminar una relación con un hombre, él regresará a tener sexo contigo porque te ama.

Horror 4

Creer que cuando el hombre se enoja y decide abandonar el hogar, lo mejor es suplicarle, llorarle y pedirle que se quede y que no se vaya.

Horror 5

Creer que convivir es mejor que casarse.

Horror 6

Creer que todos los horrores que percibes en el hombre van a cambiar cuando se casen, por medio de la magia del amor.

Horror 7

Creer que casarse en la etapa de enamoramiento es una buena decisión.

Horror 8

Creer que ser confidente de un hombre casado, que tiene problemas en su matrimonio, es una buena obra de caridad.

Horror 9

Creer que no se puede evitar enamorarse de un hombre casado porque en el corazón nadie manda.

Horror 10

Creer que es difícil encontrar un buen hombre; por lo tanto, debes conformarte con un hombre que no sea "tan" malo.

Horror 11

Creer que eres víctima de las circunstancias y que no hay nada que se pueda hacer para cambiar el rumbo de tu vida.

Horror 12

Creer que conseguir un hombre es el pasaporte a la felicidad.

Horror 13

Creer que todos los hombres son iguales.

Horror 14

Creer que el hombre te maltrata porque tú te lo buscas o lo provocas.

Horror 15

Creer que hay que permanecer en una relación de maltrato porque los hijos necesitan un papá, por el bienestar económico u otras razones.

Horror 16

Creer que en una relación de amor todo es permitido; no hay que poner límites.

Horror 17

Creer que puedes llegar a ser feliz pisoteando tus principios morales.

Horror 18

Creer que un hombre va a llenar todas tus necesidades.

Horror 19

Creer que serle infiel a un esposo que no te atiende es la solución al problema de la soledad emocional.

Horror 20

Creer que se debe vivir a la sombra de un esposo y no brillar con luz propia.

Horror 21

Creer que realizarse en la vida justifica pasarle por encima a la familia para poder cumplir tus sueños.

Horror 22

Creer que no eres valiosa porque las medidas de tu cuerpo no son las establecidas por la "Real Academia de la Belleza".

Horror 23

Creer que dejar a los hijos para irse con un hombre es una buena decisión.

Horror 24

Creer que las labores del hogar y el rol de madre te esclavizan.

Horror 25

Creer que tener un hijo va a cambiar el comportamiento de un hombre.

Horror 26

Pensar y tomar decisiones con el corazón.

Horror 27

Creer que un hombre que conoces en un pub o una barra luego se comportará como un santo.

Horror 28

Creer que te das a respetar por un hombre gritándole y diciéndole palabras soeces.

Horror 29

Creer que es saludable tener amigos con privilegios.

Horror 30

Creer que eres la seleccionada y que te ganaste un premio al ser escogida entre las siete mujeres que le tocan a cada hombre.

Horror 31

Negarte a tener relaciones sexuales con tu esposo para castigarlo.

Horror 32

Vivir improvisando sin haber trazado una ruta para tu vida.

Horror 33

Tener una vida líquida que se amolda a cualquier circunstancia.

Horror 34

Conformarte con ser víctima cuando puedes ser una mujer vencedora.

Horror 35

Casarte y querer seguir viviendo como soltera.

Agradecimientos

En nuestra vida siempre hay gente maravillosa que nos brinda su amor y su servicio incondicional. Gisela Cedeño Olivo es una de esas personas que con paciencia y esmero transcribió todo el manuscrito. Agradezco también a Gizelle F. Borrero, la editora del manuscrito original de este libro; y a Ofelia Pérez, la editora de esta nueva versión extendida. En diferentes momentos, las sugerencias y aportaciones de ambas fueron fundamentales para que este libro, que era uno de mis sueños, lograra alcanzar a tantas mujeres que lo necesitan.

Gracias a Osmar Rivera Medina, mi estudiante querido, quien siempre me preguntaba: ¿Cuándo va a escribir el libro? Su insistencia fue una gran motivación para mí.

Gracias a nuestra Iglesia Cristiana Hermanos Unidos, que siempre ha compartido nuestra visión y nos ha provisto parte de las experiencias que aparecen en estas páginas.

Dedicatoria

Dedico este libro a mi mamá, Carmen Cartagena, quien me enseñó a valorarme, a ser una buena madre, una buena ama de casa y una profesional responsable. A mi papá, Rafael Marrero, quien fue el primer hombre que me vio como una criatura maravillosa. Siempre me trató como la niña de sus ojos y me enseñó que podía alcanzar todos mis sueños. A él le debo el modelo que aprendí de lo que es un verdadero hombre.

A mi amado esposo, Jorge Pantojas, quien ha sido mi amante fiel por tantos años y quien me motiva y me apoya en todos los proyectos que emprendo. Con él he procreado tres hermosos hijos, quienes son testimonio de lo que siempre les enseñamos acerca de la grandeza de Dios.

A mis tres hijos y a mis cuatro hermanos, para quienes soy la mejor mamá, la mejor consejera y la mejor pastora del mundo. Todos ellos han contribuido en la formación de mi carácter.

Especialmente a ti, mujer, confiando que al leer este libro, te sientas identificada y decidas florecer para siempre.

A Dios, quien me ha dado toda esa gente maravillosa, y quien ha dirigido mi vida con su amor y su misericordia.

Norma Pantojas

Introducción

Dios creó a la mujer con el mismo amor que creó al hombre. No obstante, a pesar de que los concibió a ambos con igualdad de importancia y los colocó en un sitial alto al decirles "llenen la tierra y gobiernen sobre ella", después que entró el pecado por la desobediencia de Adán y Eva, el egoísmo hizo su entrada triunfal al corazón de los seres que Dios había creado perfectos. La belleza de la inocencia, la igualdad y la armonía que el hombre y la mujer estaban disfrutando originalmente, se rompió.

Dios creó a la mujer con el mismo amor que creó al hombre.

Como consecuencia, a pesar de que ambos pecaron al desobedecer las órdenes que Dios les había dado, a la mujer le ha tocado vivir una historia llena de prejuicios, maltrato, menosprecio, rechazo y culpabilidad, sin percatarse de que ella puede superar su historia con la ayuda de Dios, su Creador. Veamos el pasaje bíblico en el que Dios crea al ser humano sin proponer que uno domine al otro, sino que ambos en armonía gobiernen el mundo.

Entonces Dios dijo: «Hagamos a los seres humanos a nuestra imagen, para que sean como nosotros. Ellos reinarán sobre los peces del mar, las aves del cielo, los animales domésticos, todos los animales salvajes de la tierra y los animales pequeños que corren por el suelo».

Así que Dios creó a los seres humanos a su propia imagen. A imagen de Dios los creó; hombre y mujer los creó.

Luego Dios los bendijo con las siguientes palabras: «Sean fructíferos y multiplíquense. Llenen la tierra y gobiernen sobre ella. Reinen sobre los peces del mar, las aves del cielo y todos los animales que corren por el suelo»

(Génesis 1:26–28).

Los versículos citados nos dejan ver a Dios como un Padre amoroso que no tiene preferencias de ninguna clase con alguno de sus hijos; ni con los niños, ni con las niñas, sencillamente porque su amor es perfecto y busca la paz y la armonía para sus hijos e hijas... esa paz que les permitirá ponerse de acuerdo en sus decisiones para buscar el bien común en la administración y el cuidado del tesoro más grande: la familia.

Lamentablemente, esa no es la realidad que estamos viviendo. Desde la fundación del mundo, la mujer ha tenido que saltar obstáculos gigantescos, no solamente físicos, sino emocionales y espirituales, porque ha sido considerada inferior al hombre, tanto en la historia de la iglesia como en la historia secular.

En la antigüedad, los filósofos griegos Aristóteles y Platón afirmaron que las mujeres "son inferiores por naturaleza". Por otro lado, los romanos se sumaron a la lista de los que consideraban a la mujer como un "ser inferior". La ley romana consideraba que las mujeres no poseían los mismos derechos que los hombres.[1] La mujer era vista como propiedad del marido, a tal grado que él podía castigarla de la forma que deseara. El "ser propiedad del marido" daba lugar a que cualquier cosa que ella o los niños heredaran, perteneciera al esposo.

Ese concepto equivocado no se quedó en los filósofos; también llegó al clero. Quiere decir que los prejuicios no hacen acepción de personas ni por color, religión, inteligencia o nacionalidad. El reconocido autor y defensor de la dignidad de la mujer, J. Lee Grady, en su libro *10 mentiras que la iglesia le dice a las mujeres*, explica que el teólogo alemán Martín Lutero afirmaba que si la mujer moría mientras estaba dando a luz, eso no era una pérdida porque ella fue creada para tener bebés.[2] Lutero, un estudioso de la Palabra y un hombre admirable, que inició la reforma protestante retando a la autoridad y las creencias que predominaban en su época, fue también cautivado por el prejuicio. Grady afirma que en el siglo XIX, cuando fue más frecuente el que la mujer estudiara, el clero cristiano reaccionó a esta práctica enseñando desde los púlpitos que Dios había destinado a la mujer para que fuera ignorante, por tanto, el enseñarle era desobedecer a Dios.

De ninguna manera este libro se constituye en un grito de guerra o una rebelión contra los hombres. Tampoco implica que soy una feminista. El movimiento feminista denigra la figura del hombre, así como el machismo denigra a la mujer. Ni machista ni feminista, soy una mujer que reconoce la importancia y la dignidad, tanto de la mujer como la del hombre, porque Dios los creó para que trabajaran juntos, en armonía, en beneficio de la familia, de la sociedad y del país donde viven. No puede haber lucha de poder entre dos seres que Dios concibió con amor para que se ayudaran el uno al otro y disfrutaran de su compañía.

Después, el SEÑOR Dios dijo: «No es bueno que el hombre esté solo. Haré una ayuda ideal para él». (Génesis 2:18)

Es innegable que todos esos pensamientos negativos sobre la mujer contribuyeron a que esta haya sido maltratada de generación en generación.

Es innegable que todos esos pensamientos negativos sobre la mujer contribuyeron a que esta haya sido maltratada de generación en generación. Como resultado, la mujer ha perdido la identidad con la que Dios la formó y ha vagado por el mundo buscando amor y aceptación en una sociedad que solapadamente le ha querido hacer creer que es indigna, menos inteligente, menos capaz y con menos autoridad que el hombre. Por todos esos prejuicios que la misma iglesia tantas veces ha patrocinado, la mujer continúa siendo relegada a un segundo plano, a pesar de los avances que ha tenido en la educación. Como resultado, el maltrato continúa aumentando.

Son innumerables las mujeres que llegan a encontrar la muerte en una relación donde debieran encontrar amor y protección, mientras sus consejeros espirituales les recomendaban que permanecieran en la relación de maltrato, orando hasta que Dios obrara, sin explicarles que Dios hace lo imposible. Pero lo posible lo debe hacer el ser humano, porque para eso Dios nos capacitó con un cerebro que, cuando se nutre con sabiduría, produce pensamientos, sentimientos y acciones sabias.

Mujer, lo más importante no es lo que la historia te ha dicho, sino lo que Dios te dice. Por tanto, ¡no te desanimes! Dios nunca te ha desechado. No permitas que la rebeldía tome control sobre ti; por el contrario, toma el control de tus emociones y deja el papel de víctima que te mantiene en el sofá de la depresión. Conviértete en una mujer digna, segura de ti misma porque tienes tu confianza puesta en el poder de Dios.

Todas fuimos creadas a imagen y semejanza de Dios, como una pieza de colección.

A pesar de las circunstancias negativas que han rodeado nuestra identidad, todavía podemos afirmar con alegría: "¡Ser mujer es un gran privilegio!". Tristemente, a través de mis años en consejería, he descubierto que para muchas mujeres ha dejado de serlo, y viven en un vía crucis continuo hasta el final de sus días, sencillamente porque han tenido pensamientos equivocados de lo que significa ser mujer. Algunas han creído que su destino es sufrir y vivir resignadas al dolor. Creen firmemente que el destino ya ha trazado su ruta. Otras piensan que ser libre es abandonar las responsabilidades del hogar y vivir la "vida loca", porque creen que eso es disfrutar la vida. Por otro lado, muchas están convencidas de que las estrellas determinan su vida, mientras que otras tantas creen que la vida es cuestión de suerte. Si esto fuera un examen de escoge la mejor contestación, podríamos concluir que la mejor es: "ninguna de las anteriores".

Todas fuimos creadas a imagen y semejanza de Dios, como una pieza de colección. Somos únicas, especiales y dignas. Dios puso todo su amor en la formación de cada una de nosotras y debemos aprender a vivir conforme a esa gran herencia que Dios nos ha legado a cada una.

¿Cuál es el problema? Que muchas mujeres nunca se llegan a enterar de que Dios las creó, y menos aún de que les dejó una herencia. Por lo tanto, viven sin conocer su verdadera identidad. Es en el hogar donde se supone que aprendemos a valorarnos. No obstante, todas venimos de hogares diferentes y, con muchísima probabilidad, hemos tomado la forma de ese hogar específico en el que crecimos. Si el hogar fue rico en aceptación, amor, ternura y bendición, pensamos, sentimos, decidimos y actuamos cada día como gente digna.

Nuestras decisiones y acciones reflejan cuánto nos valoramos. Además, nuestra manera de hablar, vestir y comportarnos refleja qué valor nos adjudicamos. Si, por el contrario, el hogar fue disfuncional y nos negó el amor y la aceptación que necesitábamos para crecer saludables emocional, espiritual y físicamente, comenzaremos a buscar esa identidad en los brazos de un hombre. Es por eso que para llegar a esos brazos nos queremos convertir en una especie de vehículo 4 x 4 con *sunroof* y aros de lujo. Es ahí donde empieza nuestra frustrante carrera por mantenernos físicamente "perfectas", con un peso y unas medidas ideales, que serán la "garantía" de que vamos a conseguir ese hombre que nos ha de llevar a la tierra prometida, que es la felicidad.

Se dice que solo un 7 por ciento de la población femenina tiene unas características físicas ideales en términos de proporción y medidas. Eso quiere decir que el otro 93 por ciento de las mujeres, exceptuando unas pocas que han aprendido a aceptarse y a amarse a sí mismas, se quedan vagando por la vida, deprimidas, frustradas y de brazo en brazo, buscando una felicidad que, según ellas, está en algún lugar del mundo... Por eso la persiguen día y noche sin descanso.

Mientras tanto, siguen conociendo hombres buscando esa felicidad que no llega. Comienzan a tener un hijo aquí, otro allá... y otro más. Y cuando se dan cuenta de la gran carga que arrastran, ya tienen su vida complicada a tal extremo que sienten que no hay remedio. Así deciden que, a pesar de todo, hay que seguir hasta el final, con la cruz a cuestas. Creen que ya solo les queda resignarse.

¡No tienes que conformarte con el drama de infelicidad y desgracia que has vivido hasta ahora!

¡Qué bueno que llegaste leyendo hasta aquí! Tengo buenas noticias para ti: ¡No tienes que conformarte con el drama de infelicidad y desgracia que has vivido hasta ahora! Tu vida puede ser diferente, tú puedes escribir un nuevo libreto para tu vida, porque tú, y solamente tú, eres la arquitecta de tu vida.

Como consejera de familia, y por medio de los seminarios "Mujer, decídete", he detectado errores y horrores que cometen las mujeres, y que les provocan un dolor terrible. Lo curioso es que una y otra vez los siguen cometiendo esperando que algún día, como por arte de magia, todo salga bien y puedan ser felices.

Si tienes la valentía para seguir leyendo, encontrarás casos reales de mujeres que cometieron errores y horrores que hemos recopilado con todo nuestro amor para ti. Así los verás identificados y aprenderás diversas alternativas para resolver tu problema, si estás pasando por la situación, o prevenirte, si no has pasado por esta.

Perdona los errores y horrores que has cometido, y decide perdonar a los que te han ofendido.

Necesitamos vivir conscientes de que el tiempo pasa rápido y las decisiones que tomamos hoy van construyendo eso que llamamos "el mañana". Solamente tú eres responsable de lo que llegarás a ser en la vida. Por esta razón, decide colocar a Dios en tu lista de prioridades. Todas las decisiones y planes que tienes para ti, fundaméntalos en los valores que has conocido a través de Él.

Nunca sigas lo que hace la mayoría o lo que la sociedad dice que debes hacer. Obedece el principio bíblico que encierra lo que trae paz y felicidad a la mujer y al hombre que Dios creó con tanto amor:

Concéntrense en todo lo que es verdadero, todo lo honorable, todo lo justo, todo lo puro, todo lo bello y todo lo admirable. Piensen en cosas excelentes y dignas de alabanza. (Filipenses 4:8)

Cuando nuestra vida está definida por esas características que menciona el apóstol Pablo en la carta a los filipenses, tenemos la paz de Dios, tan imprescindible para ser felices. Valora todo aquello que no se puede comprar con dinero: el amor, la justicia, la amistad, la ternura y la paz. Vive cada día contagiando con tu amor, tu alegría, tu optimismo y tu esperanza. Perdona los errores y horrores que has cometido, y decide perdonar a los que te han ofendido. En cada persona que encuentres en el camino de la vida, deja una huella de amor y de paz.

Sigue este camino y comprenderás que, a pesar de las circunstancias y de los errores que se cometen en el caminar por la vida, puedes disfrutar de la alegría de vivir y de ser mujer.

1

Promesas falsas

De la realidad sentimental a la realidad racional

Horror 1

Creer que tener relaciones sexuales antes del matrimonio evita que el hombre te abandone.

Horror 2

Creer que todas las promesas que te hace un hombre son fieles y verdaderas.

Horror 3

Creer que después de terminar una relación con un hombre, él regresará a tener sexo contigo porque te ama.

Horror 4

Creer que cuando el hombre se enoja y decide abandonar el hogar, lo mejor es suplicarle, llorarle y pedirle que se quede y no se vaya.

Los primeros cuatro horrores tienen que ver con pensamientos y apreciación de sentimientos; en fin, con cosas que dicen y hacen muchos hombres, que no tienen ningún significado hasta que sean demostrados con hechos.

Muchos hombres prometen, prometen y prometen... pero nunca vemos acción, pues no cumplen sus promesas. Ellos saben lo que a nosotras nos gusta escuchar; por lo tanto, eso es lo que nos susurran al oído. Comienzan con el galanteo y las palabras dulces... luego siguen con un abrazo, un beso, y finalmente culminan pidiendo una muestra de amor. Si la mujer (que de por sí es un ser emocional) no tiene principios morales sumamente arraigados, se siente en el deber de ceder porque... "para que se vaya a hacerlo con otra...".

Es aquí donde se comienza a perder terreno, pues lo que empezó como una gran amistad para irse conociendo poco a poco, se paraliza. Es que una vez comienza una relación sexual, se detiene el proceso de conocerse uno al otro, ya que ambos estarán pendientes de volverse a ver para tener otra relación sexual, y así sucesivamente.

Como mujeres, tenemos que demostrarles a los hombres que no somos una caja de chocolates, ni somos telas para tener que dar muestras. Somos gente valiosa que se cuida y se entrega solo en el vínculo del matrimonio, a aquel hombre que demuestre con sus acciones que nos valora y nos ama incondicionalmente.

Son innumerables las promesas que muchos hacen para lograr intimidad sexual, pero la realidad es que ninguna se cumple. Una vez que logran lo que desean, se van a buscar una nueva aventura o continúan viniendo ocasionalmente, solo para satisfacer su deseo sexual. Jamás te prestes para eso. Sé firme; tú no eres un objeto para que un hombre te use cuando quiere. ¡Tú eres valiosa para ser amada!

El sexo nunca debe convertirse en una prueba de amor.

Una joven me escribió una carta muy triste en la que me decía lo siguiente: "La vida me ha tratado muy mal. Fui violada cuando pequeña. Actualmente me hice novia de un muchacho y cuando pasó el tiempo, él me pidió una muestra de amor, prometiéndome que luego nos casaríamos. Accedí a su petición y me entregué, pero más tarde me dijo que no se podía casar conmigo porque ya no sentía amor. Ese hombre jugó con mis sentimientos".

Sé firme; tú no eres un objeto para que un hombre te use cuando quiere. ¡Tú eres valiosa para ser amada!

Esta carta fue muy triste. La joven estaba desconsolada y hasta había pensado en el suicidio. Experimentó el dolor y el desengaño porque no tenía herramientas para manejar la situación.

A diario vemos casos similares, tantos, que podríamos fotocopiar la carta y adjudicarle diferentes nombres, porque la situación es la misma en la vida de muchas mujeres.

Tú eres una criatura maravillosa y preciosa creada por Dios para ser amada y bendecida.

Esto sucede, en parte, porque la mayoría no conoce la sicología del hombre común, que piensa en la satisfacción sexual mientras ella piensa en el amor.

Creer que tener relaciones sexuales antes del matrimonio evita que un hombre te abandone, es un disparate. Por el contrario, son muchos los que luego de esto consideran que la mujer es, según ellos, "fácil" y la abandonan. Al hombre le gusta y le atrae la mujer que es un reto. Por eso ves que un hombre puede ir de aquí para allá saliendo con distintas mujeres, pero a la hora de tener una relación seria para casarse, dice que quiere una mujer virgen. Por eso, Sor Juana Inés de la Cruz decía en uno de sus famosos poemas:

«Hombres necios que acusáis
a la mujer sin razón sin ver
que sois la ocasión de lo
mismo que acusáis».[1]

El sexo nunca debe convertirse en una prueba de amor, porque este en realidad es un regalo de Dios para ser disfrutado dentro del compromiso del matrimonio. Cuando trates con un hombre, aprende a evaluar sus hechos, no sus promesas.

El sexo nunca debe convertirse en una prueba de amor, porque este en realidad es un regalo de Dios para ser disfrutado dentro del compromiso del matrimonio.

El amor no se mendiga, se da y se recibe. Nunca debes pensar que vales tan poco como para rogarle a alguien que te ame.

Hace muchos años conocí a una mujer responsable, decente, con tres hijos y un esposo a quien ayudó a estudiar. Como muchas veces pasa, cuando el hombre terminó su larga carrera, se enamoró de otra mujer. Aunque yo apenas tenía 25 años, desde muy joven veía la vida con claridad, así que en aquel momento pude aconsejarle a esta mujer que se diera su lugar y no le mendigara amor.

Le dije: "Si él ya está con otra mujer, ¿cómo permites que entre a tu casa como si nada hubiera pasado? ¿Cómo le permites que tenga intimidad sexual contigo? Piénsalo bien". Ella me contestaba: "Es que cuando tiene relaciones conmigo, siento que me ama" ... A lo que yo le insistía: "Amiga mía, ese no es el verdadero significado del amor".

En una de esas entradas a la casa, la mujer quedó embarazada de su cuarto hijo. Pero después de esa noche, él jamás regresó a la casa. ¿Sabes por qué? Porque se casó con la amante. ¡Qué triste! Ella se expuso a tener un

No evalúes promesas, ni vivas de lo que pudo haber sido y no fue. Vive de realidades, valórate y comienza a dictar las pautas de lo que tú quieres para tu vida, no de lo que otro quiere hacer con tu vida.

cuarto hijo con un padre ausente, simplemente porque vivía en otro mundo: el de los sentimientos.

Ya es tiempo de tocar la tierra. No evalúes promesas, ni vivas de lo que pudo haber sido y no fue. Vive de realidades, valórate y comienza a dictar las pautas de lo que tú quieres para tu vida, no de lo que otro quiere hacer con tu vida.

Errores cometidos en estos casos

Tener relaciones sexuales antes del matrimonio para demostrarle que lo amaba.

El sexo nunca debe convertirse en una prueba de amor, porque este en realidad es un regalo de Dios para ser disfrutado y compartido dentro del compromiso del matrimonio. Jamás aceptes un chantaje emocional como este. Por el contario, pídele a él que te demuestre su amor respetándote y esperando por ti.

Tener relaciones sexuales confiando en promesas de casamiento.

Las palabras se las lleva el viento y los hombres no siempre cumplen sus promesas, especialmente cuando ya obtuvieron lo que tanto querían.

Culpar a otros de nuestros errores.

Cuando ella dice: "Él jugó con mis sentimientos", está culpándolo a él de lo sucedido. Lo sensato sería decir: "Yo permití que jugara con mis sentimientos".

Permitir el adulterio.

Muchas mujeres permiten que un esposo que ha adulterado siga visitando su casa con frecuencia para tener relaciones sexuales, pensando que él la ama, solo porque quiere estar con ella íntimamente, pero... ¿cuánta gente tiene relaciones sexuales sin amor, solamente por placer?

Suplicarle al hombre que volviera con ella.

El amor no se mendiga, se da y se recibe. Nunca debes pensar que vales tan poco como para rogarle a alguien que te ame. Si un hombre no te ama por lo que eres y vales como mujer, debes seguir hacia adelante y dar borrón y cuenta nueva.

Estrategias para florecer

¿Te has identificado con alguna de estas situaciones? Si es así, quiero que sepas que puedes salir adelante.

- **No tengas relaciones sexuales antes de casarte.** Desde hoy, proponte en tu corazón que nada ni nadie te hará tener relaciones sexuales fuera del matrimonio. Tú eres una criatura maravillosa y preciosa creada por Dios para ser amada y bendecida, no para ser manoseada por alguien que desea robar tu dignidad.

- **Deja de culpar a otros por tus errores y fracasos.** El hombre llega hasta donde tú le permites. Demuestra con tu carácter firme que hay cosas que no vas a permitir nunca. Hay hombres maltratadores porque hay mujeres que se dejan maltratar.

- **No tienes que tolerar la infidelidad.** Cuando un hombre decide irse con otra mujer, no le permitas que siga visitándote y teniendo relaciones sexuales contigo; necesitas darte valor.

Ejercicios

¿Qué opinión tienes de ti?

¿Has caído en el síndrome de la caja de chocolates, dando muestras de amor?

¿Te han sido infiel? ¿Qué has hecho? ¿Te has dado a respetar o te deprimiste y estás destruida?

Escribe qué decisiones has tomado después de leer y meditar sobre lo que se ha dicho en este capítulo.

Semillas de Amor

A pesar de las caídas que has tenido, levántate y comienza hoy a tener control de tu vida. Nunca es tarde para empezar, pero nunca es bueno dejar para mañana las decisiones importantes que podemos tomar hoy.

2

Expectativas equivocadas
*De la ceguera del enamoramiento
al amor razonado*

Horror 5

Creer que convivir es mejor que casarse.

Horror 6

Creer que todos los horrores que percibes en el hombre van a cambiar cuando se casen, por medio de la magia del amor.

Horror 7

Creer que casarse en la etapa de enamoramiento es una buena decisión.

A través de mis años de experiencia, he trabajado con cientos de personas que llegan desconsoladas a narrarme toda la problemática de sus matrimonios. Al preguntarles si habían visto ese problema antes de casarse, la mayoría me contestó: "Sí, pero yo creía que iba a cambiar" o "Yo pensé que iba a ser diferente al casarnos".

La idea de que todo será diferente después del matrimonio es una falsa expectativa. En la etapa del noviazgo, por lo general, cada individuo quiere mostrar su mejor cara y se esfuerza por todos los medios por ocultar sus áreas oscuras. Por ende, si en la etapa del noviazgo comienzas a ver muchos elementos contrarios a lo que tú esperas, debes detenerte de inmediato.

Siempre que una pareja de novios va a mi oficina en busca de consejería, les digo: evalúen bien las debilidades que perciben ahora de novios y determinen cuán importantes son en su escala de valores, porque cuando se casen, estas se van a multiplicar por diez. Esto sucede porque cuando el hombre y la mujer entran en una relación de matrimonio, él piensa que ya se acabó el período de conquista. Siente que ya eres algo seguro, que le perteneces, y que no necesita hacer ningún esfuerzo adicional por enamorarte o por cambiar.

Nadie cambia a nadie. Estoy convencida de que todos podemos reformarnos cuando lo decidimos. Sí, es posible, con nuestro ejemplo, motivar a otros para que modifiquen su comportamiento, pero no podemos

obligar a alguien a que haga los cambios que nosotros entendemos necesarios. ¡Y mucho menos casarnos para esperar ver esos cambios! Sin duda, es una locura casarse con la idea de que algún día esa persona se va a transformar en lo que tú anhelas. Veamos este ejemplo de la vida real:

La idea de que todo será diferente después del matrimonio es una falsa expectativa.

Marta es una joven de 27 años. Se enamoró de un muchacho llamado Gustavo, quien era adicto a las drogas desde los 11 años. Lo conoció en un hogar de rehabilitación y ella expresó que fue un amor a primera vista. En esa época, a ella le fascinaba darse el trago, ir a bailar, las fiestas y salir con amistades. Sin embargo, decidió abandonar todas esas costumbres para poder enseñarle a este hombre un estilo de vida más tranquilo y, de esa manera, "rescatarlo" de las drogas.

Dios hace lo imposible, pero al ser humano le corresponde hacer lo posible.

Su madre trató de disuadirla, diciéndole que este hombre continuaba usando drogas aunque estaba en un hogar de rehabilitación. Tristemente, sus advertencias fueron en vano. Marta estaba en un período de negación total, así que se declaró en contra de los consejos de su madre y decidió irse de su casa para convivir con su novio. En pocas semanas, se dio cuenta de quién era el verdadero Gustavo. Él comenzó a retirarle dinero del banco sin su permiso, le pegó en muchas

Necesitamos enseñarle al hombre que lo bueno cuesta y exige compromiso.

ocasiones y no se responsabilizó de nada en el hogar.

En varias ocasiones, Marta decidió dejarlo y así lo hizo, pero siempre terminaba regresando con él. Continuó este patrón de conducta hasta que quedó embarazada. Ya en ese momento aunque no le pegaba, se había hundido completamente en el vicio. Lo triste es que a pesar de todo este patrón de maltrato, Marta me confesó: "Tengo fe de que algún día él va a cambiar"...

Mientras ella soñaba con el cambio, él siguió cometiendo fechorías y se fue de la casa. Sin embargo, regresaba todos los días a pedirle dinero, a bañarse y a comer. De hecho, ella me lo comentó con el orgullo de haber hecho una gran obra: "Nunca le faltó su plato de comida". Hubo un momento en que ella le negó el dinero y él, como respuesta, le rompió toda la ropa y la amenazó. Finalmente, Marta fue a la corte y pidió una orden de protección. Esta coincidió con una fechoría que Gustavo había cometido durante ese tiempo, así que por esta razón fue encarcelado.

Dios jamás se complace de que una mujer aguante maltrato mientras un hombre se reforma.

Luego de esto, ella le pidió perdón por haber solicitado esa orden de protección (o Ley 54 por violencia doméstica, en Puerto Rico) y la retiró. Además, al verlo pasando por esa situación de confinamiento, decidió visitarlo cada vez que le concedieran visitas. Durante este proceso, Marta trabajó y se esforzó por mantener su hogar y suplirle todas las necesidades a la hija que ambos habían procreado.

Las personas necesitan experimentar consecuencias por los errores que cometen.

Después de que Marta me narró toda la historia, me dijo: "Yo le he prometido a Gustavo que voy a esperarlo hasta que salga en libertad en los próximos seis años, porque él no es tan malo cuando está sobrio. Sin embargo, todavía tengo un problema y es que cuando lo visito, Gustavo me cela de sus compañeros en la cárcel".

Cristo es nuestro único Salvador: las mujeres no podemos adquirir ese rol y querer convertirnos en salvadoras de los hombres.

Cristo es nuestro único Salvador. Las mujeres no podemos adquirir ese rol y querer convertirnos en salvadoras de los hombres.

Los celos constituyen el último de los problemas que añade esta mujer a su lista. Marta terminó su carta de forma impresionante, porque lo más triste del caso fue que se sintió como una "salvadora" y le dio gracias a Dios por las fuerzas que le había dado para ayudar a Gustavo, porque "si no hubiera sido por ella, él estaría muerto". Concluyó la carta preguntándome: "Necesito que usted me diga si he tomado las decisiones correctas".

Errores cometidos en estos casos

No reconocer la zona de peligro.

Una zona de peligro consta de características o señales que se dan en el noviazgo, que nos avisan que más adelante en el matrimonio pueden echar a perder la relación. En este caso, ella conoció al hombre en un hogar de rehabilitación y no se cercioró de que él ya estuviera libre de vicios antes de comenzar una relación. No razonó ni evaluó las consecuencias a largo plazo y tampoco tomó en cuenta las advertencias de su madre.

Quedar atrapada en la etapa de enamoramiento.

Esta etapa puede prolongarse hasta dos años y es muy superficial, ya que la persona ve lo que quiere encontrar: lo ideal. Durante ese tiempo solo se muestra la mejor cara y, por ende, no tienes un panorama claro y real de la persona.

Convivir sin casarse.

Esta es una señal de que la mujer se adjudica poco valor. La gente solo legaliza las cosas importantes y valiosas para ellos; por lo tanto, si crees que vales poco, no te esforzarás por legalizar esa unión. Aunque esto ha perdido importancia para muchos, se ha comprobado que, a diferencia del matrimonio, en la convivencia no hay compromiso de ninguna clase, ni emocional ni real.

Abandonar el hogar en un momento de coraje.

En momentos de coraje no razonamos, sino que nos dejamos llevar por nuestras emociones. Por eso, en esas ocasiones, no debemos tomar decisiones.

Pensar que él no es tan malo, porque cuando no usa drogas se comporta mejor.

La realidad del caso es que una persona que usa drogas está inmersa en el vicio y cada día empeora, no mejora; a menos que exista un proceso de desintoxicación y haya un compromiso serio y palpable de cambio.

Creer y estar convencida de que con su amor y su fe, Dios lo podría cambiar.

Nadie puede cambiar a otro hasta que la misma persona haga un alto en su vida y se sienta miserable con su comportamiento. La persona tiene que anhelar el cambio y ejecutar su voluntad para lograrlo. Dios hace lo imposible, pero al ser humano le corresponde hacer lo posible.

Dejarlo entrar y salir sin límites.

Ella permitió que, aunque él había abandonado el hogar, podía entrar y salir para satisfacer sus necesidades, sin experimentar las consecuencias del abandono de hogar.

Retirar la querella que le había puesto por amenazarla y romperle la ropa.

Las personas necesitan experimentar consecuencias por los actos que cometen. Cuando les eliminamos estas consecuencias, les estamos diciendo sin palabras: "Lo que hiciste no fue tan malo". Las consecuencias nos recuerdan que no debemos cometer ese error otra vez.

Salir embarazada.

En una relación inestable, donde no hay seguridad ni compromiso, una mujer no debe correr el riesgo de quedar embarazada; menos aún de un hombre que no tiene sentido de responsabilidad.

Estrategias para florecer

Si te has identificado con la situación expuesta, es importante que creas que sí puedes salir del hoyo en el que te encuentras:

- **Comienza haciendo esta oración:** "Señor, tú me creaste como una criatura especial, como una pieza de colección; pero en mi caminar por la vida, me salí de tus lindas manos y he seguido cometiendo error tras error. Yo sé que a pesar de mis errores, Tú me sigues amando. Siento tu abrazo, siento que Tú me aceptas y sé que Tú eres el único que nunca falla y siempre eres fiel. Por eso te pido sabiduría para autoevaluarme con sinceridad y poder tomar buenas decisiones, porque desde hoy en adelante voy a escribir un nuevo libreto para mi vida".

- **Autoevalúate.** Identifica cuáles son los errores que has cometido y que te han llevado a tu situación actual. ¿Cómo acostumbras tomar tus decisiones? ¿Te dirigen las emociones? Decide hoy razonar qué es lo mejor para ti y tus hijos.

- **Identifica tus zonas de peligro.** Observa cuáles son los aspectos peligrosos que tiene tu relación. ¿Qué señales estás viendo que te dicen "detente"?

- **Evalúa si estás en la etapa de enamoramiento o si es amor real–** ¿Vives la etapa de enamoramiento o la de amor real y verdadero? Si contestas que estás viviendo un amor real, atrévete a identificar las debilidades que tiene tu pareja. Si no puedes hacerlo, muy probablemente es que te encuentres en la etapa de enamoramiento.

🔊 **Toma la decisión de no convivir con nadie.** Necesitamos enseñarle al hombre que lo bueno cuesta y exige compromiso. Fíjate que cuando alguien compra una casa, firma unas escrituras y todo se hace legalmente. A nadie se le ocurriría decir: "¿Para qué firmar escrituras si eso es solo un papel?" ¿Sabes por qué a nadie se le ocurre decir eso? Pues porque hay involucrados miles de dólares. Tú vales más que todo el dinero del mundo; no aceptes convivir bajo ninguna circunstancia porque tú eres importante y muy valiosa. El ejemplo más contundente es el de los perros de raza. La gente no permite que se "casen" si no tienen papeles. ¡Date valor siempre!

🔊 **No tomes decisiones en momentos de coraje.** Las buenas decisiones se toman en momentos de sosiego, después de evaluar una situación en todos sus ángulos.

🔊 **Persigue siempre lo excelente.** Nuestra gente usa con mucha frecuencia el adverbio "tan", como por ejemplo: él no es "tan" malo. Este pensamiento del "tan" nos lleva a ser conformistas. Lo usamos tanto que llegamos a conformarnos con menos, cuando podemos aspirar a lo excelente. Decir que alguien no es "tan" malo, es como afirmar que es mitad hombre y mitad fiera. El hombre que escojas debe ser un buen hombre, con una serie de características que ya debes haber evaluado y escrito en una hoja de papel y en tu corazón. Esas características son tu mapa. Así que cuando escojas una pareja, selecciona un buen hombre y no te conformes con uno que no sea "tan" malo. Persigue siempre lo excelente en todas las áreas de tu vida.

Convéncete de que tú no puedes cambiar a nadie.
Tengo la certeza de que todos podemos cambiar, cuando reconocemos que estamos equivocados y necesitamos un cambio de dirección, pero la realidad es que no podemos transformar a otra persona, ni con nuestra fuerza, ni con nuestro amor. Sí podemos motivarlos con nuestro buen ejemplo, pero eso es todo. Dios jamás se complace de que una mujer aguante maltrato mientras un hombre se reforma. Dios mismo no cambia al que no quiere hacerlo, ni obliga a nadie a hacer absolutamente nada. Dios respeta nuestra individualidad. Por eso Jesucristo dice: *"...Yo estoy a la puerta y llamo; si alguno oye mi voz y abre la puerta, entraré a él y cenaré con él y él conmigo"* (Apocalipsis 3:20 RVR 1960). Esto quiere decir que tenemos la opción de permitirle entrar o dejarlo fuera de nuestra vida, lo que significa que ni el mismo Jesús nos obliga a cambiar ni a amar. Es una decisión muy personal, que cuando se toma, produce una paz maravillosa. Cada persona decide si va a modificar su conducta. Lo que sí es cierto es que cuando alguien quiere cambiar, Dios lo ayuda de forma incondicional y le perdona totalmente su vida pasada. Cristo es nuestro único Salvador. Las mujeres no podemos adquirir ese rol y querer convertirnos en salvadoras de los hombres. Ante una situación de maltrato, necesitamos decir "¡basta!, ¡basta!, ¡basta!".

Escribe un "No pase" en la entrada de tu casa. Cuando un hombre decide irse de la casa, no debes permitir que entre y salga como si nada hubiera pasado, porque sí pasó. Él necesita experimentar las consecuencias de sus actos. Si le permites toda clase de privilegios, incluyendo los sexuales, seguirá siendo un peregrino sin ningún tipo de responsabilidad. En tu vida debe haber un letrero invisible que le diga a todo el mundo, sin palabras: "Tienes que respetarme; de ahí para acá no te permito pasar". El problema de muchas féminas es que gritan, patalean, lloran y dicen palabras soeces, pero al final, ceden. Con esto, el hombre se da cuenta de que con esa mujer puede hacer lo que él quiera. Necesitamos ser firmes en nuestras posturas. Aprende a usar el letrero de "No pase" y date a respetar.

❧ **No retires tu querella a la policía.** Deja que esa pareja entienda que todo en la vida conlleva consecuencias. De esta manera, la próxima vez que vaya a repetir el error, se acordará de las consecuencias y posiblemente se abstendrá de hacerlo.

❧ **No salgas embarazada.** Escogemos la pareja de acuerdo al valor que nos adjudicamos. Si nos sentimos con valía, escogemos a alguien que merezca nuestro valioso amor. Si un bebé es un regalo de Dios, ¿entonces cómo vamos a tener relaciones con alguien que no nos merece y tener un hijo de alguien que no lo va a amar ni a darle un buen ejemplo? Si ya estás embarazada de alguien irresponsable, trae ese bebé al mundo y asume tu responsabilidad; no la eludas por medio de un aborto.

❧ **Establece un plan de acción.** Escribe un plan de acción dirigido a lograr tus metas de acuerdo a lo que has aprendido en este capítulo.

Ejercicios

De los errores mencionados en este capítulo, ¿cuáles has cometido?

_____ *1. Me casé muy joven.*

_____ *2. Estoy conviviendo con mi pareja.*

_____ *3. Me divorcié y todavía le permito a mi exesposo entrar y salir de la casa.*

_____ *4. Estoy tolerando maltrato esperando que Dios haga algo.*

_____ *5. Estoy en una relación de noviazgo en la que veo señales de advertencia, pero tengo la esperanza de que él cambie cuando nos casemos.*

_____ *6. Me encuentro atrapada en una relación con un hombre inseguro, que me cela de todo el mundo.*

De esos errores, ¿cuáles estás dispuesta a corregir?

Escribe cuáles son las estrategias que vas a utilizar para lograr cambios en tu vida. Si es un problema compuesto de muchas situaciones, comienza por resolver el más sencillo. Así, poco a poco llegarás a la libertad emocional, espiritual y física que quieres obtener.

Por ejemplo: si tu esposo te abandonó, tienes tres hijos, vives en la casa de tus padres y ya te sientes incómoda, hastiada... comienza a sentirte valiosa. Experimenta que Dios es el que saca tu vida del hoyo y llénate de fe pensando en esa promesa. Busca un trabajo, comienza a ahorrar, y cuando lo creas conveniente, encuentra una casa para ti y tus hijos. No pierdas tiempo lamentándote. El lamento no nos cambia de posición, sino que nos deja en el mismo lugar.

Semillas de Amor

*¡Tú eres una pieza de colección! ¡Eres un tesoro especial
creado a imagen y semejanza de Dios! Actúa conforme
a lo que eres…
¡Una mujer valiosa!*

3

Estándares de calidad
Del conformismo a la excelencia

Horror 8

Creer que ser confidente de un hombre casado, que tiene problemas en su matrimonio, es una buena obra de caridad.

Horror 9

Creer que no se puede evitar enamorarse de un hombre casado porque en el corazón nadie manda.

Horror 10

Creer que es difícil encontrar un buen hombre; por lo tanto, debes conformarte con un hombre que no sea "tan" malo.

¿Has pensado cuánto se preocupan las farmacéuticas por el control de calidad de sus operaciones? Para estas empresas, calidad es sinónimo de garantía, buen servicio y asegurar que el producto se venderá con éxito una y otra vez. Cuando en algún momento de la Historia, a alguien se le ocurrió la mediocre idea de bajar el control de calidad para abaratar costos, las consecuencias no se hicieron esperar: fue un desastre.

Así es la vida. Cuando bajamos nuestros estándares de calidad, nos enfrentamos al dolor y al llanto. La mujer aprende a ser conformista desde pequeña. Posiblemente nunca tuviste un padre que te dijera: "¡Qué bella estás!", "¡Tú eres un regalo de Dios para mi vida!", "¡Lograrás todo lo que te propongas en la vida con la ayuda de Dios!", "¡Llegarás muy lejos porque Dios te creó con un propósito especial!", "¡Eres tan inteligente...!".

En cambio, es posible que hayas escuchado frases denigrantes como: "Eres un accidente", "desde que llegaste a este hogar lo único que has traído son problemas"... y otras similares que prefiero ni mencionar.

Muchas veces, estas experiencias negativas nos hacen caer en patrones de conducta dañinos donde no nos adjudicamos el valor que en realidad tenemos. Tal vez hayan pasado los años y nunca te hayas detenido a evaluar lo que anhelas y mereces en una relación, o a preparar una lista de las cualidades que deseas en esa pareja esperada.

Quizás ya tienes 20 años y todavía no has hecho esa hoja de evaluación basada en estándares altos de calidad. Posiblemente sí tienes la hoja de cualidades, pero ya tienes 26 años, y como todavía no te has casado, has comenzado a eliminar características de la lista. Comienzas a pensar —y otras personas te reafirman— que no hay nadie perfecto y que si sigues pensando en ese ideal te vas a quedar "jamona" o "para vestir santos". En fin, te domina el pánico y empiezas a pensar... "Fíjate, este chico que conocí no es tan malo". Luego, en un abrir y cerrar de ojos has bajado todos los estándares de calidad y terminas aceptando una relación o persona venenosa para tu vida. Recibes a alguien que lo único que te deja es amargura y sufrimiento.

> *Involucrarte con una persona casada te hace responsable de todo el sufrimiento que conlleva para la esposa legítima.*

Cuando queremos lograr algo en la vida, tenemos que desearlo, soñarlo y definirlo. Por eso necesitas definir cuáles son las características que quieres encontrar en un hombre. Pero para lograr calidad, hay que elaborar un plan de acción. Una vez que hayas preparado ese plan, no bajes el estándar de calidad; persigue lo excelente siempre.

> *El amor es una decisión; tú no escoges la atracción, pero sí eliges quien merece tu amor.*

¿Sabías que elegimos al hombre de acuerdo al valor que nos adjudicamos? Pregúntate ahora mismo: ¿Cuánto yo valgo? Voy a

Nunca debes transar por menos de lo que deseas y mereces. Persigue lo excelente siempre.

compartir una contestación que aprendí de mi bello papá y que te exhorto a que memorices: "Mi valor es incalculable". No importa el hogar donde hayas nacido, ni cómo te sientas en este momento, ni cuánto te hayan denigrado, repite en este momento: "Mi valor es incalculable y aspiraré a lo excelente".

Tú y yo fuimos creadas para bendición. En 1 Pedro 3:9 (RVR 1960) dice: "...sabiendo que fuisteis llamados para que heredaseis bendición". ¿Pero por qué a veces no vivimos en esa bendición? Pues, porque caminamos por la vida sin dirección.

Tu valor es incalculable. Fuiste creada para bendición.

En este momento, ¡decídete a ser feliz! Cultiva tu vida espiritual, emocional y física. Si decides enamorarte, comienza a hacer la lista de características enfocadas en la excelencia, y por nada en el mundo bajes los estándares de calidad.

Tu valor es incalculable. Fuiste creada para bendición.

El siguiente caso es un ejemplo de lo que significa ser una mujer que no conoce, ni mínimamente, esos controles de calidad.

Marilyn era una mujer muy alta y elegante, pero con "cero control de calidad". Se enamoró a primera vista de un taxista llamado Heriberto. Desde el primer instante, quedó prendada de él. El problema fue que Heriberto, a pesar de tener una relación con otra mujer, también se enamoró de ella a primera vista. Así que, a partir de ese momento, todos los días él la llevaba al trabajo. Heriberto le confesó que vivía con una mujer con la cual tenía un hijo en común. Sin embargo, él deseaba continuar su relación con ambas. Marilyn le respondió que ella también lo amaba, así que los tres adultos decidieron vivir juntos en una misma casa. Una vez que accedes a convivir con una persona comprometida, estás comprobando algo muy importante: que no sabe honrar compromisos.

Una vez accedes a convivir con una persona comprometida, estás comprobando algo muy importante: que no sabe honrar compromisos.

Como ves, las dos mujeres protagonistas de esta historia —que parece ficticia, pero fue real— bajaron sus estándares de calidad a cero y se conformaron con vivir una relación mediocre. Yo no podía creerlo cuando Marilyn me narró su historia en consejería: dos mujeres para un hombre, en una misma casa. Nacimos para bendición; no para conformarnos con una relación compartida.

¿Puedes imaginar semejante aberración? Demás está contar que unas noches él dormía con una mujer en una habitación, y otras noches en otra. Lo más doloroso es saber que hubo un niño como testigo de esta historia de horror.

Nacimos para bendición, no para conformarnos con una relación compartida.

Valdría la pena preguntarse: ¿Qué pensaría ese niño sobre el significado de la palabra "amor"? ¿Qué concepto tendría de lo que debe ser un matrimonio? ¿Qué significado tendría para él la palabra "fidelidad"?

Necesitamos grabar bien en nuestro corazón que nacimos para bendición, no para conformarnos con una relación compartida.

Errores cometidos en estos casos

Enamorarse de un hombre casado.

Cuando un hombre está casado, significa que tiene un compromiso emocional, moral y legal con esa persona. Parte de ese vínculo es la fidelidad. Involucrarte con una persona casada te hace responsable de ese rompimiento y de todo el sufrimiento que conlleva para la esposa legítima. Mucha gente utiliza el atenuante de que ya están separados físicamente, de que no congeniaban o que no eran felices, pero la realidad es que hasta que no se emite una sentencia de divorcio, tú te conviertes en la amante. Si de verdad esa relación ya no existe, entonces espera y haz tú las cosas bien, para que luego no lleves sobre tus hombros el remordimiento y la culpa que estas situaciones generan.

Acceder a vivir con un hombre casado.

Una vez que accedes a convivir con una persona comprometida, estás comprobando algo muy importante: que tal como se lo hizo a su esposa e hijos, tarde o temprano te lo puede hacer a ti, ya que no sabe honrar compromisos. Además, una vez que das este paso, debes prepararte para esperar muchos años, ya que por lo general el hombre no abandona a su familia y "disfruta" cómodamente de sus dos "hogares". En uno tiene un vínculo legal y en el otro (o sea, contigo), la distracción, la pasión y la emoción pasajeras, siempre prometiéndote que pronto saldrá el divorcio. Pero ese "pronto" muchas veces se convierte en muchos años. Conozco casos de mujeres que han esperado durante 25 y hasta 30 años.

Pensar que no se puede hacer nada por salir de una relación que no conviene.

Claro que puedes hacer algo, pero se trata de una convicción y una decisión. Si te propones terminar con la relación, debes ser firme y no echar hacia atrás. Si el hombre percibe tu debilidad, utilizará todas sus "armas" para convencerte de nuevo.

Bajar los estándares de calidad con tal de permanecer en una relación.

Nunca debes transar por menos de lo que deseas y mereces. Hacerlo te coloca en una posición de desventaja, porque cada vez bajarás más tus estándares de calidad, pensando que si no lo haces, perderás oportunidades. Pero, sin duda, a la larga es mejor haber perdido esas malas oportunidades. Persigue siempre lo excelente.

Estrategias para florecer

🐦 **Tomar una decisión firme.** Decide que contra todo lo que puedas sentir, no debes enamorarte de un hombre casado. El amor es una decisión; por lo tanto, puedes decidir que ese hombre no te pertenece, ni merece tu amor. Tú no escoges la atracción, pero sí eliges quién merece tu amor y a quién se lo vas a brindar.

🐦 **No compartas el amor.** Proponte que jamás compartirás el amor de un hombre con otra mujer. Esto no es un acto de magia, es una elección.

🐦 **No negocies.** Asegúrate de que el hombre que se case contigo reúne requisitos específicos que no son negociables.

Ejercicios

Escribe todos los requisitos que debe poseer el hombre que te pretenda.

Organiza estas características en orden de importancia.

Determina cuáles son imprescindibles y no serán negociables de ninguna manera.

Semillas de Amor

Nunca hagas nada que comprometa tu honra.

4

Falta de identidad

Del miedo a la soledad a la plenitud de Dios

Horror 11

Creer que eres víctima de las circunstancias y que no hay nada que se pueda hacer para cambiar el rumbo de tu vida.

Horror 12

Creer que conseguir un hombre es el pasaporte a la felicidad.

Horror 13

Creer que todos los hombres son iguales.

Es curioso pensar que el relato bíblico dice que en el principio Dios creó al hombre, y luego creó a la mujer para que el hombre no estuviera solo. Sin embargo, parecería que fue lo contrario, que creó a la mujer primero y después al hombre para que la mujer no estuviera sola.

En la actualidad, es sorprendente ver cómo hay un gran número de mujeres que piensan que su felicidad depende de estar con un hombre. Piensan que su identidad existe si tienen un hombre al lado. De lo contrario, están incompletas y caminan por el mundo buscando quién les puede validar su identidad y las ayude a sobrevivir. Otras dicen: "Necesito un hombre para no estar sola y para que me ayude a tomar buenas decisiones, criar a mis hijos, sostener económicamente el hogar, arreglar una llave que se dañe, pintar la casa..." y un largo etcétera.

Podemos hacer una lista interminable de razones, pero lo más curioso es que cientos de mujeres se casan buscando llenar todas esas necesidades y nunca lo logran. Permanecen sin identidad y aún así tienen que tomar decisiones solas, criar a sus hijos solas y trabajar para suplir las necesidades del hogar. Viven en soledad aunque tienen un hombre en la casa. Además, las llaves siguen goteando y las casas están despintadas por el sol. Todo esto pasa porque la mujer no sabe que su identidad no proviene de un hombre, sino de Dios.

La identidad de la mujer no proviene de un hombre, sino de Dios. Dios te creó como un ser especial y te ama. También creó al hombre como un ser especial y lo ama... Pero Dios nunca expresó en su Palabra que el hombre era valioso si tenía una mujer y tampoco dijo que la mujer era valiosa si tenía un hombre. Ambos tienen que reconocer su valía como individuos creados por Dios, que fueron dotados de talentos y capacidades extraordinarias, y que los dos tienen la libertad de escoger el camino de la felicidad. En lo que difieren los hombres y las mujeres es en las funciones que desempeñan.

La identidad de la mujer no proviene de un hombre, sino de Dios.

Si no tienes idea de quién eres, ni del valor incalculable que tienes como mujer, ni de las capacidades que puedes desarrollar, aunque te cases, siempre te acompañará el sentimiento de vacío. Además, tendrás problemas en el matrimonio porque exigirás que ese hombre llene todas tus necesidades emocionales y creerás que si ese hombre te abandona, te mueres, te enfermas o ya no eres nadie en la vida. Esto es falso, pues no importa cuáles sean tus circunstancias, ¡tú vales!

Dios te creó como un ser especial y te ama. También creó al hombre como un ser especial y lo ama...

Necesitamos reconocer quiénes somos. Cuando reconocemos al Dios creador en nuestra vida y aprendemos a resolver asertivamente los conflictos que se nos presentan con la ayuda de Él, aprendemos a ser gente estable y feliz; gente que en medio de los problemas va desarrollando carácter y se atreve a hacerle frente a la vida, porque su Padre Dios está como poderoso gigante para ayudarles. Por supuesto que ser feliz no significa ausencia de problemas; quiere decir que tienes el poder y la creatividad para solucionar lo que está en tus manos, y la madurez para dejarle a Dios lo imposible.

No importa cuáles sean tus circunstancias, tú vales.

Cuando buscamos una pareja, tenemos que aprender a esperar el tiempo indicado para evaluar y seleccionar un gran hombre. Además, es importante que lo selecciones porque deseas tener un compañero con quien compartir tu amor, y no una persona con quien compartir tus conflictos y complejos.

Priscila había tenido una niñez muy triste. Creció en un hogar donde el padre y la madre trataban a sus hijos con mucha ira y le dedicaron muy poco tiempo. Sintió la falta de un abrazo, de un halago; incluso sus necesidades básicas, como buena alimentación, ropa adecuada y un techo seguro, no fueron satisfechas. Ella

Ser feliz no significa ausencia de problemas. Quiere decir que tienes el poder y la creatividad para solucionar lo que está en tus manos, y la madurez para dejarle a Dios lo imposible.

creció pensando que no valía nada, que era alguien insignificante y que no merecía nada bueno. Incluso soportó tanto abuso físico, especialmente de su padre, que se acostumbró a ser víctima y a tenerle miedo a su progenitor.

Priscila se ha dado cuenta de que siempre se ha enamorado de hombres maltratadores que la asustan y abusan de ella, pero no hace nada por salir de ese hoyo porque cree que todos los hombres son iguales. Además, piensa que no tiene el valor suficiente para aspirar a un gran hombre.

Decide poner tu confianza en Dios y Él te dará la sabiduría necesaria para enfrentar la vida, sanar tus heridas y ser feliz.

Aunque mi padre y mi madre me dejaran, con todo Jehová me recogerá. (Salmo 27:10 RVR 1960)

Decide poner tu confianza en Dios y Él te dará la sabiduría necesaria para enfrentar la vida, sanar tus heridas y ser feliz.

Errores cometidos en estos casos

Buscar la felicidad en un hombre.

Nadie te da la felicidad en esta tierra. Necesitas aprender a ser feliz tú primero para que puedas compartir tu dicha con otra persona.

Pensar que no valía porque sus padres la trataron mal.

Desgraciadamente, cuando los padres, que se supone son los que te aman, te maltratan, llegas a la conclusión equivocada: "No tengo valor porque lo que vale se cuida".

Continuar desempeñando el papel de víctima.

Se hace el patrón de sufrir y aguantar maltrato, y te acomodas a ser víctima. Es más fácil acomodarse a la costumbre, que hacer cambios en nuestra manera de vivir.

Repetir el error de casarse con un maltratador, en lugar de buscar ayuda.

Inconscientemente repetimos lo que estamos acostumbrados a vivir, pero tú puedes salir de esa circunstancia.

Estrategias para florecer

❧ **Reconoce que la felicidad se encuentra en Jesús.** Él es nuestro refugio y nuestra esperanza. En Proverbios 9:10 (RVR 1960) dice: *"El temor de Jehová es el principio de la sabiduría, y el conocimiento del Santísimo es la inteligencia"*. Decide poner tu confianza en Dios y Él te dará la sabiduría necesaria para enfrentar la vida, sanar tus heridas y ser feliz.

❧ **Acepta tu valor.** Tú vales aunque tus padres te hayan maltratado y no hayan valorado tu vida. Medita en lo que dice el Salmo 27:10–11 (RVR 1960): *"Aunque mi padre y mi madre me dejaran, con todo Jehová me recogerá. Enséñame, oh Jehová, tu camino y guíame por senda de rectitud"*. Cada vez que recuerdes tu triste pasado, levántate de tu agonía y tu depresión, y llénate de esperanza porque Dios te ama y tiene lo mejor para ti. Una vez que estés sana, podrás decidir si quieres enamorarte nuevamente. Eso sí, recuerda que tu esperanza debe estar en Dios, quien nunca nos falla.

❧ **Mantén la esperanza.** Escucha bien la esperanza que se desprende de estos versículos en Salmos 27:13–14 (RVR 1960): *"Hubiera yo desmayado, si no creyese que veré la bondad de Jehová, en la tierra de los vivientes. Aguarda a Jehová; esfuérzate, y aliéntese tu corazón; sí, espera a Jehová"*. Fíjate bien que el salmista te exhorta a esperar a Jehová, no te dice que esperes a que un hombre te haga feliz. Además, te ordena a esforzarte y alentarte en Él. Esta es una orden que conlleva decisión. Decide hacer un esfuerzo, salir de la cueva de la depresión y esperar las cosas bellas que Dios tiene para tu vida. Libera tu mente de tanta preocupación y tendrás la libertad de tener ideas creativas para salir de tu situación caótica. No importa cuál sea tu situación, puedes salir victoriosa de esta con la ayuda de Dios. Llénate de fe y actúa como si ya estuvieras libre.

❧ **No repitas el patrón.** Ya que eres consciente y has identificado tu situación de maltrato, no vuelvas a casarte hasta que hayas sanado totalmente y puedas describir qué tipo de hombre quieres para pasar el resto de tus días.

Ejercicios

¿Qué errores has cometido?

_____ He estado buscando la felicidad en un hombre.

_____ He pensado que no valgo porque mis padres me trataron mal.

_____ A veces me he mirado a mí misma y he dicho: "pobrecita de mí".

_____ Me he casado varias veces buscando la felicidad.

Luego de analizar tu situación y tu comportamiento, ¿qué has decidido hacer para cambiar el rumbo de tu vida?

Semillas de Amor

Dios te ama de manera especial y tiene cuidado de ti.

Espera y confía en Él, y serás muy feliz.

5

Necesidad de límites

De la debilidad mundana a la fortaleza divina

Horror 14

Creer que el hombre te maltrata porque tú te lo buscas o lo provocas.

Horror 15

Creer que hay que permanecer en una relación de maltrato porque los hijos necesitan un papá, por el bienestar económico u otras razones.

Horror 16

Creer que en una relación de amor todo es permitido; no hay que poner límites.

El maltrato en la familia es uno de los problemas más serios y tristes de nuestra sociedad. Es una mala semilla que desgraciadamente ha germinado en el corazón de muchas familias y que se sigue imitando de generación en generación. Tú y yo podemos decir ¡basta! y comenzar a cultivar una familia sin violencia.

¿Sabes algo? Jesucristo es el mejor jardinero. Él es quien quita de nuestro corazón las raíces de amargura, el odio, el rencor y todo lo que atenta contra nuestros semejantes. Cuando Dios llega a nuestra vida, nuestro corazón se llena de un amor indescriptible que desplaza todo lo negativo que hay en él. Ábrele tu corazón para que te sensibilice. De lo contrario, la mala semilla del maltrato seguirá propagándose de generación en generación.

Paul Hegstrom, autor del libro *Hombres violentos y sus víctimas en el hogar*,[1] llegó a ser pastor de una iglesia, sin resolver los conflictos que lo llevaron a ser un hombre violento. Durante cuarenta largos años, este hombre vivió preso de su amargura, esclavizado a unos pensamientos que cada vez aumentaban las revoluciones de su violencia. Una vez se liberó de su tormentoso pasado, escribió su libro para apercibir a otros a no cometer los mismos errores que él cometió. Él explica lo siguiente:

a.   Entre los hijos que son testigos de violencia contra su madre, el 40 por ciento sufre de ansiedad, el 48 por ciento sufre de depresión, el 53 por ciento se rebela contra los padres y el 60 por ciento se rebela contra los hermanos.

b. Si los niños varones son testigos de violencia doméstica de un adulto contra otro adulto, la probabilidad de que al ser adultos maltraten a su pareja es 700 veces mayor. Si los niños también han sido maltratados físicamente, la probabilidad es mil veces mayor.

Un padre es importante en el hogar, pero uno que sea responsable, amoroso y tierno.

Esta información nos demuestra que está en nuestras manos el romper con el ciclo del maltrato. Cuando te quedas soportando maltrato verbal, emocional o físico, les estás enseñando a tus hijos a ser maltratadores y a seguir promoviendo relaciones enfermizas. Otra lección que les das es que así se debe tratar a una mujer. Recuerda que los hijos aprenden lo que ven. En un hogar donde existe maltrato, los niños crecen sintiéndose miserables y con poca valía, porque la lógica nos dice que lo que es bueno se debe cuidar bien. Ellos llegarán a la conclusión equivocada de que si los padres los maltratan, es porque no tienen valor.

Una papá maltratante es un mal modelo porque hace muchísimo daño ver diariamente un mal ejemplo.

Una relación saludable se basa en el respeto y la libertad; por ende, no puede haber maltrato.

Awilda, una mujer joven de 30 años, se casó con José, un hombre de su misma edad, y procrearon tres hijos. Ella vivió bajo maltrato físico y emocional durante muchos años de

Una relación saludable se basa en el respeto y la libertad; por ende, no puede haber maltrato.

matrimonio. Entre estos cabe destacar que, aunque él no traía compra a la casa, exigía comida todos los días. Cuando no había comida preparada, le pegaba, y si ella le cocinaba algo que no le gustaba, también le pegaba. Una noche llegó borracho a las tres de la madrugada y a esa hora la sacó de la cama, y la metió con todo y ropa debajo de la ducha. Al hablar sobre su situación, ella argumentó: "No tengo a dónde ir, no tengo familia, no tengo un trabajo remunerado, soy ama de casa, no tengo estudios... ¿De qué voy a vivir?".

Nunca es tarde para comenzar una nueva vida. ¡Hay esperanza para ti y para tus hijos!

Desgraciadamente, esa es la mentalidad de muchas mujeres, quienes actúan temerosas como si no hubiera otra alternativa. Algunas deciden responderle al violento también de manera agresiva, lo que empeora la situación.

Nunca es tarde para comenzar una nueva vida. ¡Hay esperanza para ti y para tus hijos!

Hoy día hay muchas alternativas de ayuda para romper el círculo de la violencia doméstica, pero lo más importante es querer hacerlo. Necesitas saber muy claramente que el amor no da permiso para todo. Hay que poner límites y reconocer quién es un hombre maltratador. Para que haya maltrato, tiene que haber alguien que se deje maltratar. Abre tus ojos y date cuenta de que el hombre maltratador es controlador, y que para controlar, usa el maltrato físico: pegar, patear, pellizcar y empujar. También te dice cuándo hacer las tareas del hogar, te espía, te amenaza, te intimida y te dice "gorda", "fea" y otros epítetos denigrantes. Otra característica de este tipo de persona es que maltrata aunque lo trates bien, porque el maltrato no se lo gana la mujer. En realidad, hagas lo que hagas, él seguirá haciéndolo.

La mujer que se valora como una criatura de Dios no tiene que soportar ningún tipo de violencia.

Para que haya maltrato, tiene que haber alguien que se deje maltratar.

La mujer que se valora como una criatura de Dios no tiene que soportar ningún tipo de violencia.

Errores cometidos en estos casos

Adjudicarse poco valor.

Ella piensa que vale poco; por lo tanto, escogió a una persona que la tratara como a alguien de poca valía. Recuerda que escogemos la persona de acuerdo al valor que nos adjudicamos.

No desarrollar carácter.

Él ve la debilidad de su esposa y abusa, porque sabe que ella siente que no puede salir de la red. El maltratador busca a una persona débil e insegura que él pueda manejar a su gusto.

Tener hijos con un hombre maltratador.

Los hijos deben planificarse y hay que saber seleccionar a un futuro padre responsable. No podemos tener hijos de cualquiera porque, de esa manera, estamos perpetuando la infelicidad y el maltrato.

No reportar el caso.

Ella nunca llamó a la policía después de un episodio de violencia; por lo tanto, él se siente en libertad de continuar con el abuso. Si no le pones un "detente", él va a pensar, equivocadamente, que todo está bien y seguirá maltratándote una y otra vez. Déjalo que experimente consecuencias. La pena mata a la mujer.

Aguantar.

A veces las mujeres prefieren pensar que es mejor aguantar la violencia con tal de no sufrir necesidades. Es mejor sufrir necesidades solas con nuestros hijos en lo que nos estabilizamos, que soportar violencia y tener abundancia económica.

Conformarse.

Muchas féminas piensan que es mejor un padre malo, que no tener ninguno. Sin embargo, hace más daño un mal ejemplo de un padre que el no tenerlo. Recuerda que los niños imitan lo que viven.

Estrategias para florecer

Si te has identificado con la situación expuesta, quiero decirte que nunca es tarde para comenzar una nueva vida. ¡Hay esperanza para ti y para tus hijos!

🙤 **Comienza haciendo esta oración:** "Señor, Tú me creaste como una criatura valiosa y especial. Soy consciente ahora de que tengo un valor incalculable que yo desconocía. Por eso me rindo a tus pies, y te pido sabiduría y fortaleza para iniciar este nuevo viaje por la vida. Capacítame y dame sabiduría para salir de esta relación porque Tú dices en tu Palabra: *"He sido joven y ahora soy viejo, pero nunca he visto justos en la miseria, ni que sus hijos mendiguen pan"* (Salmo 37:25 NVI). En esta promesa me amparo y decido que voy a salir de esta relación de maltrato. Protege a mis hijos y a mí, y dame la fortaleza para levantar un hogar en amor". Es promesa de Dios proveerle al justo y a sus hijos todas sus necesidades.

🙤 **Salir de la zona de peligro lo antes posible.** Una vez que estés a salvo con tus hijos y recibas ayuda sicológica, debes comenzar a prepararte para conseguir un trabajo y así, poco a poco, integrarte al mundo laboral para que te sientas útil. De esta manera, te darás cuenta de que sí puedes salir adelante con tus hijos.

🙤 **Estar alerta para no comenzar otra relación buscando salvación.** Tú puedes lograrlo sola, con la ayuda de Dios. Jamás creas en el refrán popular:

"Un clavo saca a otro clavo". La sicología popular propone que otro hombre es la salvación, pero esto trae otra serie de problemas. Tus hijos se tienen que adaptar a otro hombre, y muchas veces este los maltrata también. Espera y sana primero tus conflictos, llénate de la presencia de Dios y luego estarás preparada para tomar buenas decisiones.

❧ **Entender que mantenerse al lado de un hombre violento le hace daño a los niños.** Un padre es importante en el hogar, pero uno que sea responsable, amoroso y tierno. Un papá maltratador es un mal modelo porque hace muchísimo daño ver diariamente un mal ejemplo. En estos casos, es mejor no tenerlo.

❧ **No justificar el maltrato bajo ninguna circunstancia.** Recuerda siempre que una relación saludable se basa en el respeto y la libertad; por ende, no debe haber maltrato.

Ejercicios

¿Te sientes amada por tu esposo o tu novio?

¿Te respeta o te maltrata?

¿Piensas que te mereces ser maltratada? ¿Por qué? Si contestas que sí, quiero que sepas que nadie merece ser maltratado.

¿Piensas que si actuaras de otra manera él dejaría de maltratarte? (El maltratador hace daño, sin importar cómo actúes.)

¿Qué decisión vas a tomar hoy?

Semillas de Amor

¡Tú puedes florecer; no te quedes en la oscuridad!

6

Valores fundamentales

De la carencia moral a la conciencia espiritual

Horror 17

Creer que puedes llegar a ser feliz pisoteando tus principios morales.

Horror 18

Creer que un hombre llenará todas tus necesidades.

Horror 19

Creer que ser infiel a un esposo que no te atiende es la solución al problema de la soledad emocional.

La infidelidad es uno de los aspectos más lamentables y tristes en una relación. Llega silenciosamente, pero cuando estalla, provoca dolor, llanto y destrucción. La infidelidad se puede resumir en una sola palabra: traición. Traición contra la pareja que ha confiado durante todo el tiempo de la relación, y contra la dignidad de la persona misma que la comete.

La mujer se casa con el ideal en su mente de que todas sus necesidades emocionales, espirituales y físicas serán suplidas por su esposo. Ella piensa que ese hombre viene equipado con todo lo que ella necesita para llenar sus expectativas. No obstante, la realidad le demostrará que el matrimonio no llena la vida de nadie, ni trae la felicidad. Hasta que cada mujer, individualmente, no se convierte en la persona ideal, no puede buscar a la persona ideal. Cuando aprendes a ser feliz sola, entonces puedes pensar en compartir tu felicidad con una pareja en el matrimonio.

Recuerdo que acepté a Jesús como mi Salvador a la edad de 17 años. Esa decisión marcó positivamente mi vida. Mi corazón se llenó de su amor, mi mente se iluminó y desde ese momento tuve en mi corazón el "plano" de lo que quería hacer con mi vida. Siendo tan joven, yo decía en mi monólogo interior: *"El día que me case, será con un gran hombre que me ame, que sea responsable, trabajador, que ame a mis padres, a mis hermanos y que —sobre todo— ame a Dios, para que podamos compartir felizmente toda la vida"*. Le pedí sabiduría a Dios con todo mi corazón y, créeme, Él dirigió mis pasos y pude formar un gran hogar. Pero para lograrlo, tuve que ser feliz yo primero, para luego bendecir a los que llegarían a mi vida: mi esposo y mis hijos. Tú no puedes anhelar ni exigir lo que no puedes ofrecer.

Tú no puedes anhelar ni exigir lo que no puedes ofrecer.

Si no hemos logrado nuestra felicidad, vagamos por el mundo buscándola en un hombre, cuando el único que puede llenar el vacío existencial es Dios. Por eso vemos, penosamente, mujeres que van de brazo en brazo buscando el amor y no lo encuentran.

Este es el caso de Georgina, quien se casó con Arturo llena de ilusiones. Al principio del matrimonio todo era novedad, pero con el tiempo la pasión se fue y habían cometido el error de no cultivar la vida espiritual ni la emocional. Ella comenzó a sentirse sola, incomprendida y cansada de hacer las tareas de la casa rutinariamente. Un día, por casualidad, conoció a un hombre en el supermercado. Siguieron viéndose a escondidas hasta que otro día dieron un terrible salto mortal: ella llegó a su casa y le dijo a su esposo y a sus hijos que se iba. Recogió toda su ropa y allí dejó los pedazos de un hogar tirados por el suelo, y a un esposo y unos hijos retorciéndose de dolor. Decidió irse con el otro hombre porque pensó que la rutina y la soledad

Hasta que cada mujer, individualmente, no se convierte en la persona ideal, no puede buscar a la persona ideal.

Si no hemos logrado nuestra felicidad, vagamos por el mundo buscándola en un hombre, cuando el único que puede llenar el vacío existencial es Dios.

se terminarían con su nuevo amor. Por el contrario, el nuevo amor también se convirtió en viejo cuando pasó la pasión, y resultó ser un hombre vago y maltratador. Hoy día Georgina se encuentra sola y uno de sus hijos está confinado en prisión.

La soledad emocional no la llena un hombre, la llena Dios. Cuando Él está con nosotros, colma nuestra vida de tal forma que vemos a nuestro esposo y a nuestros hijos de manera especial. Tanto, que cuando llegan los problemas que surgen en el caminar por la vida, buscamos soluciones creativas que vayan de acuerdo a nuestros principios.

Actuamos de acuerdo a los pensamientos que elaboramos en nuestra mente, los cuales se basan en las ideas que vamos recopilando desde que nacemos. Si las ideas que aprendimos y las normas de conducta estaban fundamentadas en el amor que Dios nos tiene y el valor que nos adjudica, desarrollaremos unas normas de conducta firmes y definidas. Así podremos identificar qué es bueno, qué es malo y defenderemos

La soledad emocional no la llena un hombre, la llena Dios.

nuestros principios hasta el final. Tampoco negociaremos nuestros principios por nada ni nadie y viviremos íntegramente. Habrá congruencia entre lo que decimos y cómo actuamos.

Actuamos de acuerdo a los pensamientos que elaboramos en nuestra mente, los cuales se basan en las ideas que vamos recopilando desde que nacemos.

Si, por el contrario, nuestros principios no están definidos, actuaremos de acuerdo a lo que nos dictan los sentimientos, la opinión social y la manipulación que nos pueda hacer cualquier persona. Evalúa tus convicciones, tus ideas y tus principios morales, y si te das cuenta de que eres una "hoja al viento" que nunca sabe a dónde va, toma hoy la decisión de desechar todo pensamiento y toda idea que atente contra tu dignidad.

Nuestro verdadero carácter es el que manifestamos cuando nadie nos ve.

Comienza a nutrirte de nuevos pensamientos que te edifiquen, de tal manera que cuando actúes, no tengas que avergonzarte de ti. Recuerda que nuestro verdadero carácter es el que manifestamos cuando nadie nos ve. Actúa siempre pensando que la vida es frágil, que es una sola y no podemos volver atrás a borrar lo que nos hizo daño o lo que hicimos mal. Pero si has actuado indecorosamente, Dios te perdona. Perdónate a ti misma y decide que de hoy en adelante no negociarás tus principios. Jamás hagas algo que vaya en contra de tus convicciones porque cuando lo haces, te esperan el dolor, la amargura y el sufrimiento.

Errores cometidos en estos casos

Casarse para ser feliz.

La persona que no es feliz sola antes de contraer matrimonio, no puede serlo después de que se case. Necesitamos sentirnos realizadas y completas; que podemos manejar las circunstancias de la vida creativamente porque Dios está a nuestro lado. De lo contrario, el matrimonio lo que hará es añadir una nueva carga y más piezas a nuestro rompecabezas.

Querer llenar la soledad emocional con un hombre.

Hay personas que viven solas y se sienten felices, llenas. Por otro lado, hay personas que viven acompañadas y se sienten solas. La mujer, aparte de cultivar su vida espiritual, debe practicar algún pasatiempo para llenar su espacio de manera creativa. No podemos sentarnos a esperar que nos llegue la felicidad. En la medida en que servimos a otros y los amamos, también vamos llenando nuestro tanque emocional. ¡Es bello vivir, servir y que nos recuerden por nuestra alegría! Nuestra vida no puede girar alrededor de un hombre o de un trabajo.

Pensar que podía ser feliz pisoteando sus principios.

Nuestros principios son las verdades que rigen nuestra vida y nos preservan para ser felices. Siempre que los quebrantamos, hay dolor y consecuencias. El adulterio empieza con un sabor dulce, pero su final es amargo y desastroso. Nunca hagas algo que pisotee tus creencias y valores, porque para ser feliz, los principios y las acciones tienen que ir de la mano.

Esclavizarse a una emoción efímera: la pasión del adulterio.

La atracción entre dos personas comprometidas puede surgir, pero puedes evitar que pase de ahí. Tienes la capacidad de frenar el sentimiento y decir que no. Huye de lo que te daña y te roba tu dignidad.

Estrategias para florecer

- **Ora para que Dios ponga paz en tu corazón.** Encontramos paz cuando creemos en un Dios perdonador que nos ama a pesar de nuestros errores, debilidades y de nuestras caídas.

- **Pide perdón y perdónate.** Si has sido infiel y estás arrepentida, pídele perdón a Dios y perdónate a ti misma. A veces perdonarse a sí misma es lo más difícil para la mujer que llega a la infidelidad, porque como ellas me han dicho: "por más que me baño, me siento sucia". En los casos en los que el hombre y los hijos se enteran, recomiendo que se le pida perdón al esposo y a los hijos. En los casos en los que la mujer se arrepiente y deja la relación con su amante, sin que el esposo ni su familia se entere, debe meditar profundamente las consecuencias que traería al confesárselo a su esposo. Esta acción de confesar su pecado le puede llevar hasta la muerte. No todas las personas tienen la madurez de escuchar una confesión de esa índole y asumir una actitud perdonadora. Así que piensa en las consecuencias que puede traer para toda la familia. Dios perdonó a la mujer adúltera y te perdonará a ti también. Si tienes la necesidad de sacar de tu corazón la confesión de tu pecado, identifica una persona de respeto, discreta, con quien puedas desahogar el dolor de haber traicionado a tu esposo y que te pueda ofrecer una palabra de aliento.

Decide comenzar una nueva vida eligiendo ser feliz tú primero. Consulta con un consejero profesional para que te ayude a lidiar con el proceso de sanar por completo tus heridas. Tú puedes ser feliz, sin importar cómo haya sido tu vida. Dios siempre nos da esperanza. Por eso en su Palabra nos dice: *"De modo que si alguno está en Cristo nueva criatura es; las cosas viejas pasaron; he aquí todas son hechas nuevas"* (2 Corintios 5:1 RVR 1960).

Ejercicios

De los errores mencionados, ¿cuáles has cometido?

¿Has pensado que conseguir un hombre es el pasaporte a la felicidad?

¿Eres casada y ha pasado por tu mente una relación de adulterio? ¡Detente! No lo hagas. Eso no te conduce a la felicidad, sino al dolor, al sufrimiento y a la esclavitud.

¿Qué cambios harás en tu vida para lograr ser feliz tú primero?

Semillas de Amor

Jamás hagas algo que pisotee tus principios.

7

Desbalance en el hogar

Del egoísmo a la realización plena

Horror 20

Creer que se debe vivir a la sombra de un esposo y no brillar con luz propia.

Horror 21

Creer que realizarse en la vida justifica pasarle por encima a la familia para poder cumplir tus sueños.

Horror 22

Creer que no eres valiosa porque las medidas de tu cuerpo no son las establecidas por la "Real Academia de la Belleza".

Horror 23

Creer que dejar a los hijos para irse con un hombre es una buena decisión.

Horror 24

Creer que las labores del hogar y el rol de madre te esclavizan.

En algunos círculos del mundo cristiano conservador, se ha llegado a enseñar que la mujer debe estar siempre a la sombra del hombre. Según algunos, el varón se debe destacar en los diferentes roles sociales y la hembra debe permanecer dedicada, callada y sumisamente, a las tareas domésticas y a los hijos. Uno de estos hombres radicales dijo en una ocasión: "A mí me corresponde llevar el pan, y a ella amar a los hijos".

En el otro extremo de la sociedad están las que proclaman, como "Paquita la del Barrio", que el hombre es "una rata inmunda, un animal rastrero...". Piensan que la mujer debe hacer con su vida lo que ella quiera, que debe realizar y cumplir sus sueños porque, a fin de cuentas, los hijos crecen y se van del hogar, y luego ellas se quedan solas. Además, postulan que la mujer se debe realizar a plenitud intelectualmente, en su trabajo y a nivel sentimental, aunque esto implique quitarles tiempo a sus hijos y a su esposo. Incluso dicen que puede llegar al extremo de abandonar a sus hijos para irse con un hombre, si esto le ofrece felicidad y satisfacción. Estos pensamientos son equivocados y dirigen a la mujer hacia la destrucción.

Sin embargo, una mujer sabia e inteligente sabe valorarse primero a sí misma. Es consciente de que Dios la creó de manera especial y la dotó de múltiples capacidades. Reconoce el lugar de importancia que ocupa en la sociedad y dentro del hogar, y sabe desarrollarse al lado de su novio o esposo sin competir por el poder. Se siente importante como profesional, pero también como mamá y ama de casa.

Las tareas del hogar y el rol de madre no son una esclavitud para la mujer sabia; son un privilegio. Servirle a los que amamos es una bendición. El reconocimiento más maravilloso en mi vida no son mis logros profesionales (aunque son una parte), sino los elogios de mi esposo y mis hijos. Ese trofeo nadie me lo puede quitar porque ellos lo han grabado directo en mi corazón, donde nadie puede robarlo, ni el tiempo puede borrarlo. Todos los años que les he servido han sido de regocijo y orgullo. Les he demostrado que son valiosos para mí y que, después de Dios, ellos son mi prioridad. Estoy segura de que he dejado una gran huella de amor en sus vidas.

> *Las tareas del hogar y el rol de madre no son una esclavitud para la mujer sabia; son un privilegio.*

Ni ser mamá ni las tareas del hogar nos esclavizan. ¿Sabes lo que sí lo hace? Nos esclaviza el sexo, las relaciones ilícitas, las relaciones adictivas, la codependencia y todo lo que atenta contra nuestra dignidad e integridad. En la vida hay integridad cuando nuestras acciones y nuestros principios van tomados de la mano.

> *Servirle a los que amamos es una bendición.*

Somos libres cuando podemos seleccionar entre lo bueno y lo malo.

Somos libres cuando podemos seleccionar entre lo bueno y lo malo. Pero somos más libres cuando podemos ir siempre en pos de lo excelente.

Pero somos más libres cuando podemos ir siempre en pos de lo excelente. Somos libres cuando la emoción nos dice "¡sí!", pero la razón y la conciencia dicen "¡no!", y escogemos la voz de la conciencia. Somos libres cuando no damos sexo a cambio de amor, sino que expresamos nuestro amor por medio de una relación sexual en el vínculo del matrimonio. Somos libres cuando podemos posponer un anhelo que es bueno, pero que atenta contra el tiempo que le dedicamos a los seres queridos. Somos libres cuando nos sentimos bellas y valiosas, aunque las medidas de nuestro cuerpo no sean establecidas por la "Real Academia de la Belleza"... que a fin de cuentas, ¡quién sabe dónde está! Solamente así podemos decir que somos mujeres realizadas.

Dios creó al hombre y a la mujer con la misma importancia y con el mismo amor. No hay que denigrar al hombre para que la mujer sobresalga, pues ambos somos útiles en la sociedad y necesitamos realizarnos día a día. Podemos

Somos libres cuando la emoción nos dice "¡sí!", pero la razón y la conciencia dicen "¡no!", y escogemos la voz de la conciencia.

complementarnos el uno al otro sin que exista una lucha de poder.

Cuando sabemos valorarnos justamente, no tenemos que luchar por demostrar que existimos o que tenemos la razón; solamente vivimos dignamente y desarrollamos al máximo nuestras capacidades, ya sea que estemos casadas, solteras, viudas o divorciadas.

No hay que denigrar al hombre para que sobresalga la mujer, pues ambos somos útiles en la sociedad.

El hecho de casarse no implica que dejamos de ser alguien, ni que quedamos en el anonimato; implica que vamos a seguir creciendo en todas las áreas, tomando en cuenta la vida de nuestros hijos y la de nuestros cónyuges. Esto aplica para hombres y mujeres porque el verdadero amor se ocupa de su pareja.

El verdadero amor se ocupa de su pareja.

Hace un tiempo escuché a una mujer que explicaba que le habían aprobado una beca para estudiar inglés en Estados Unidos por un periodo de seis meses. Ella le pidió al esposo que accediera a quedarse con sus tres hijos (entre ellos, uno de solo cuatro años) mientras ella se iba a estudiar porque esa oportunidad había sido el sueño de toda su vida. Además, le comentó que conocía a una señora que se podía quedar en la casa con él para cuidar a los niños mientras él trabajaba.

Aquí vemos un caso claro de una mujer que quiere capacitarse, pero sacrificando a sus hijos. Algunas pueden opinar: "¿Y qué tiene eso de malo?" Por mi parte, solamente pienso cómo se sentirían esos niños pequeños sin su mamá y cuánta falta le haría ella a su esposo. Si a eso se le llama realizarse, entonces es mejor no casarse. Si quieres hacerlo, proponte lograr tus sueños sin pisotear el cariño, el amor y el cuidado de tu familia. Una vez que decides unir tu vida en matrimonio, es tu deber tomar en cuenta a tu esposo y a tus hijos en las decisiones que tomes. Lo curioso es que muchas mujeres no aprovechan el tiempo cuando son solteras, y luego de que se casan y tienen hijos, quieren "realizarse" como si vivieran solas.

Proponte lograr tus sueños sin pisotear el cariño, el amor y el cuidado de tu familia.

Recuerda que los hijos crecen y podrás ir materializando tus sueños a medida que sus edades lo permitan. Todo en la vida puede esperar, menos el tiempo y el amor que les damos a nuestros hijos. El tiempo pasa muy rápido... hoy los tienes en tus brazos y mañana sobrepasan tu estatura.

Veamos otro caso. Ana es una mujer casada, de 30 años de edad. Decidió casarse aun cuando sabía que estaba estudiando una carrera larga que requería mucha dedicación. Pasó un tiempo y el matrimonio procreó dos niñas, aunque ella todavía seguía estudiando. En ese proceso se enamoró de un compañero de estudios, casado, que tenía tres hijos. Tuvieron una relación de adulterio durante cinco años y ninguno de sus respectivos cónyuges se enteró, ya que por lo difícil de los estudios tenían que estar largas horas fuera del hogar y lo utilizaron como excusa para mantener engañados a ambos cónyuges. Pero un día la esposa de su amante descubrió la verdad, lo que causó a su vez que el esposo de Ana se enterara.

Todo en la vida puede esperar, menos el tiempo y el amor que les damos a nuestros hijos.

Demás está decir que los hogares quedaron destrozados ante esta sorpresiva y devastadora noticia.

No importa quién ni cómo sea el hombre que te gusta, jamás se debe abandonar a los hijos por nada ni por nadie.

Si esto es penoso, más lamentable aún es saber que Ana se fue con su amante y abandonó a sus hijas; y él, por su parte, abandonó a los suyos. ¡Qué triste y qué desacertadas estas decisiones de ambos! Primero, dejarse llevar por la pasión, y luego, pasarle por encima al amor de sus hijos y al de sus respectivos cónyuges. Lo más triste de todo es que son decisiones que no se pueden borrar para simplemente volver atrás y empezar desde cero. Son resoluciones que trastocan todo el futuro, tanto el de ella, el de su esposo y sus hijas, como el de la otra familia.

No importa quién ni cómo sea el hombre que te gusta, jamás se debe abandonar a los hijos por nada ni por nadie. Los hijos son una bendición de Dios y necesitan nuestro amor, nuestro cuidado y ese calor de madre que nadie más les puede dar. La niñez se vive una sola vez, ¿cómo vamos a privarlos de ese privilegio?

Errores cometidos en estos casos

No establecer prioridades.

Si hay que escoger entre irse a estudiar a otro país o quedarse junto al esposo y los hijos, lo primero debe ser la familia. Ya habrá tiempo de estudiar más adelante. La familia no debe sacrificarse nunca. Todo espera en la vida, pero los hijos y la relación de hogar no pueden esperar.

Entregarse a una relación de adulterio.

En el segundo caso, ella no reconoció su dignidad y se dejó llevar por sus emociones hasta verse involucrada en una relación de adulterio.

Abandonar a sus hijos.

Nunca se debe abandonar a los hijos, que son parte de tu vida, por un hombre o por una pasión.

No saber discernir entre una atracción y el verdadero amor.

El amor es compromiso, la atracción es pasajera y superficial.

No identificar la zona de peligro en la que se encontraba cuando sintió la atracción.

En el momento en que percibes una atracción, decide romper toda relación de amistad. Apártate y escapa por tu vida y la de tu familia.

Estrategias para florecer

Si te sientes identificada con las situaciones expuestas, debes ser consciente de que puedes salir de ahí o evitar caer en una situación similar.

❧ **Cuando surja una oportunidad para cumplir tus sueños, evalúa si la misma atenta contra la estabilidad de tu hogar.** No hay algo en este mundo que merezca ir por encima del amor de nuestros hijos y nuestro cónyuge. Eclesiastés, ese libro maravilloso que está en la Biblia, nos dice que todo tiene su tiempo. Los hijos crecen, se casan y parten de nuestro hogar. Es en ese otro tiempo que llevamos a cabo planes y proyectos que antes no podíamos hacer. Aprende a posponer aspiraciones cuando la situación lo requiera. Tu familia te lo agradecerá de manera especial.

❧ **Confiésate cuánto valor te adjudicas.** Si en esa confesión te otorgas poca valía, abre los ojos, despierta y cobra conciencia de tu incalculable importancia. Imagínate si vales mucho, que Jesucristo dio su vida por ti para que tengas vida en abundancia; por lo tanto, no puedes conformarte jamás con una relación ilícita de adulterio. ¿Por qué estar satisfecha con un estado pésimo, si puedes lograr lo excelente?

❧ **Decide que de ninguna manera vas a abandonar a tus hijos por el "amor" de un hombre.** Si eres divorciada y en algún momento de tu vida piensas casarte nuevamente, debes establecer como requisito que ese hombre ame a tus hijos y que tus hijos también lo amen y lo acepten a él. Aprende a identificar posibles situaciones de atracción física y no las fomentes ni las alimentes. Por el contrario, apártate de toda situación que cree intimidad con otro hombre que no sea tu esposo. Si eres soltera, cuídate de no quedar atrapada en una relación que no te conviene. No te dejes llevar por la emoción y la pasión. Identifica las zonas de peligro y escapa por tu vida y tu dignidad. Si puedes vivir una vida abundante y de paz, ¿por qué rebajarte y exponerte a lo bajo y al sufrimiento? Detente, razona y evalúa lo que se presenta y, a la luz de este pensamiento bíblico que se encuentra en Filipenses 4:8–9 (NVI), toma una buena decisión: *"Por último, hermanos, consideren bien todo lo verdadero, todo lo respetable, todo lo justo, todo lo puro, todo lo amable, todo lo digno de admiración, en fin, todo lo que sea excelente o merezca elogio. Pongan en práctica lo que de mí han aprendido, recibido y oído, y lo que han visto en mí, y el Dios de paz estará con ustedes"*. Cuando llenamos nuestra mente con todo lo que es bueno y verdadero, Dios nos cubre con su amor y su paz. Piensa y actúa bien, y serás feliz porque tu conciencia y tus actos estarán en armonía. Es maravilloso obedecer lo que Dios nos dice en su Palabra porque Él nos ama incondicionalmente y anhela lo mejor para nuestras vidas.

❧ **Pídeles perdón a Dios, a tus hijos y a todo el que hayas ofendido, y comienza a vivir a plenitud.** Esto no quiere decir que si ya estás casada con una nueva pareja, tengas que romper la relación para volver a la anterior.

Ejercicios

A. De los errores mencionados en este capítulo, ¿cuáles has cometido?

_____ 1. Estoy viviendo sin establecer prioridades.

_____ 2. He pensado dejar a mis hijos porque el hombre de quien estoy enamorada dice que no se comportan bien o son una carga.

_____ 3. He pensado ir por encima de mi esposo y mis hijos por alcanzar un sueño.

_____ 4. He cometido adulterio o he estado tentada a cometerlo.

_____ 5. Estoy compartiendo con un hombre casado.

_____ 6. Creo que cuando hay una atracción, es imposible controlarla (las atracciones se pueden controlar, ejecuta tu voluntad).

B. De esos errores, ¿cuáles estás dispuesta a corregir?

C. Enumera las estrategias que vas a usar para corregir esos errores.

Semillas de Amor

*No importa cuántos errores hayas cometido ni cuán
bajo hayas caído, Dios te levanta, te perdona y puedes
comenzar una nueva vida.*
Mujer, ¡decídete a vivir dignamente!

8

Pensamiento erróneo

Del sentimentalismo a la razón

Horror 25

Creer que tener un hijo va a cambiar el comportamiento de un hombre.

Horror 26

Pensar y tomar decisiones con el corazón.

Horror 27

Creer que un hombre que conoces en un pub o una barra, luego se comportará como un santo.

La vida está llena de extremos. Hay quienes dicen que se debe pensar usando la razón, mientras otros dicen: "En mi vida manda el corazón". Todos los extremos son dañinos a la hora de tomar decisiones. Dios, en su inmensa sabiduría, nos dotó de un cerebro que puede razonar, pero también nos dio un corazón que puede sentir y padecer. Una de las grandes capacidades que tiene el ser humano es buscar el equilibrio entre evaluar una situación usando el razonamiento y tomar en consideración los sentimientos sin que estos lo dominen.

Por ejemplo: algo en tu familia te está causando problemas; algo así como que tu madre o la de tu esposo vive con ustedes. La razón te dice que la solución es decirle que se vaya ahora mismo de la casa... ¡y se acabó el problema! Pero cuando se dicen las cosas así, sin tacto, es como si hiciéramos una operación sin anestesia. Por otra parte, los sentimientos te dicen: "No me atrevo a decirle nada, pues podría sentirse mal cuando se lo diga, y yo la amo mucho y no quiero ofenderla".

Si combinas la razón y las emociones podrías concluir de la siguiente manera: "La influencia de mi madre o de mi suegra le está haciendo daño a mi relación de matrimonio. Yo la amo mucho, pero voy a buscar la mejor forma de comunicarle con amor lo que siento porque necesito resolver esta situación".

No podemos dejarnos esclavizar por las emociones, porque a la hora del desequilibrio estamos más inclinados hacia estas que hacia la razón. Por eso la gente llega a conclusiones tan absurdas como:

> *Si tus pensamientos son equivocados, tus acciones serán equivocadas.*

+ Yo soporto el maltrato porque lo amo.

+ Él tiene una amante, pero sigo con él porque no lo quiero perder.

+ Él es un vago, pero me ama.

+ Él bebe licor todos los días, pero lo amo.

+ Él no quiere a mis hijos, pero yo lo amo.

+ Me enamoré de un hombre casado, pero en el corazón nadie manda.

Todas estas ideas son erróneas. Y si tus pensamientos son equivocados, tus acciones serán equivocadas. Tú puedes dominar esos bajos impulsos que van en contra de tu paz mental. Si depositas en tu mente pensamientos que fomenten dignidad, honestidad, integridad, edificación, justicia, pureza y amabilidad, estarás capacitada para seleccionar lo que es bueno para tu vida y podrás tomar buenas decisiones.

Dios, en su inmensa sabiduría, hace una recomendación en Filipenses 4:9

> *Si depositas en tu mente pensamientos positivos podrás seleccionar lo que es bueno para tu vida.*

para nuestro bienestar. Debemos meditar toda emoción y todo razonamiento, y preguntarnos: ¿Esto que voy a hacer o que estoy haciendo, va en contra de los principios que Dios ha establecido para que viva en paz con Él y conmigo misma? ¿Qué consecuencias traerá esta decisión a corto y a largo plazo?

Dios nos da la sabiduría para manejar nuestros pensamientos y nuestras emociones.

Reflexiona en esta palabra y te darás cuenta de que Él nos da la sabiduría para manejar nuestros pensamientos y nuestras emociones:

Y la paz de Dios, que sobrepasa todo entendimiento, guardará corazones y vuestros pensamientos en Cristo Jesús. Por lo demás, hermanos, todo lo que es verdadero, todo lo honesto, todo lo justo, todo lo puro, todo lo amable, todo lo que es de buen nombre; si hay virtud alguna, si algo digno de alabanza, en esto pensad.

(Filipenses 4:7–9 RVR 1960)

Actuamos de acuerdo a lo que pensamos. Evalúa tus pensamientos y emociones a la luz de esta Palabra y decide qué necesitas mejorar, reenfocar o cambiar en tu vida para vivir dignamente.

"Si hay virtud alguna, si algo digno de alabanza, en esto pensad".

Considera esta próxima historia real, para que

comprendas hacia dónde nos llevan las decisiones que solo se basan en puras emociones.

Isabel fue una niña criada en un hogar donde el maltrato era la orden del día. Durante muchos años vivió en medio de fuertes discusiones, y creció con muy pocas dosis de expresiones de amor y grandes cuotas de críticas e insultos. Incluso, desde que tenía diez años, su papá le decía que era una prostituta (pero en su expresión más vulgar). De más está decir que la relación entre padres e hijos, y entre hermanos, era muy mala.

En ese ambiente, Isabel creció y llegó al mundo de los adultos, en el que se supone que cada quien decide lo que va a hacer con su vida. Desgraciadamente, ella decidió rebelarse, dejando que sus acciones fueran dirigidas por la amargura y el desamor. Cada individuo decide si se deja llevar por las circunstancias que lo han rodeado durante su niñez y adolescencia, o si va a actuar de una forma diferente a la que vio en su hogar. En su caso, Isabel se dejó apoderar de una profunda necesidad de sentirse amada.

Un hijo es una responsabilidad adicional, que añade tensión si el matrimonio no está bien fundamentado.

En cada hombre que conocía veía una oportunidad de recibir amor; de que alguien le dijera que era muy importante. Se dejó arrastrar por

Mujeres, ¡tenemos que razonar al mismo tiempo que nos emocionamos y amamos! No podemos dejar, bajo ninguna circunstancia, que las emociones nos esclavicen.

sus emociones y comenzó a buscar trabajo en barras y otros lugares frecuentados por hombres. Pensó equivocadamente que un hombre era sinónimo de amor verdadero. Y es que dentro del universo de personas que existe, hay unos que aman y otros que juegan al amor. Por eso necesitamos discernir la diferencia entre unos y otros.

En su búsqueda del amor, Isabel se prostituyó y siguió pasando de hombre en hombre hasta que decidió convivir con uno de aquellos "flamantes" sujetos que conoció en la prostitución. Sin duda, la movía ese fuerte sentimiento que ella confundía con el amor.

Este hombre le pegaba, la insultaba, no se ocupaba de ella, no contribuía económicamente para los gastos del hogar y, aparte de todo esto, la llevó a vivir a un lugar horrible donde vivían varias familias que hasta tenían que compartir un baño en común.

Isabel se la pasaba llorando y le suplicaba que quería tener otro tipo de vida, pero él no se conmovía y continuaba con su patrón de maltrato. Ella incluso llegó a pensar que un hijo podría resolver la situación y quizás ablandar el corazón de su esposo. Pero nada más lejos de la realidad, pues un hijo es otra responsabilidad adicional, que añade tensión si el matrimonio no está bien fundamentado.

Así llegó esta mujer a buscar consejería. Su aspecto físico era deprimente y en su semblante estaban impresos el maltrato y la angustia que estaba viviendo. Cuando terminó de contarme su triste y trágica historia, le expliqué lo que significa el verdadero amor y cómo es indispensable que para lograrlo haya entrega, respeto, consideración y dignidad. Me di cuenta de que Isabel pudo comprender intelectualmente mis explicaciones, pero que sus sentimientos la vencían. Me indicó que entendía todo lo que yo le había explicado, pero que aquel "amor" era tan fuerte que no lo podía dejar, aunque la maltratara. De esta manera, ella decidió seguir viviendo dentro del maltrato.

Si confundimos el verdadero amor —que es profundo y se entrega— con el apasionamiento —que es superficial y pasajero— sufriremos toda la vida.

Dos años más tarde, me envió una carta de agradecimiento. En la misma confirmaba que yo tenía razón porque todo lo que le dije se había cumplido, pero que a pesar de mis advertencias, siguió soportando el maltrato porque "el amor por él era demasiado fuerte".

El verdadero amor es uno saludable, que se puede razonar y se puede evaluar. Cuando eres una persona saludable emocionalmente, puedes evaluar si esa persona de quien estás enamorada merece que tú lo elijas y deposites en él ese amor, que tiene un valor incalculable porque está basado en la dignidad y el respeto. Si decides permanecer en una relación en la que percibes maltrato, infidelidad, irresponsabilidad o cualquier otra característica que vaya en contra de tu dignidad, con la razón o excusa de que "en el corazón nadie manda", estás en una relación de codependencia. Cuando no podemos desprendernos de una relación que nos hace daño, caemos en una dependencia emocional.

Perdonar es ser libre; es quitar el peso que nos hunde en las profundidades de la infelicidad.

Daniel Goleman, quien es doctor en filosofía y tiene a cargo la sección científica del periódico *New York Times*, en su libro *La inteligencia emocional*, explica que a las emociones sí les importa la racionalidad.[1] Comenta que la toma de decisiones es como una danza entre el sentimiento y el pensamiento. En esta danza, el cerebro pensante desempeña el papel de ejecutivo, ya que es el freno o el que equilibra las emociones con la razón. Podemos entonces concluir que el problema surge cuando las emociones se encuentran fuera de control y no obedecen las señales del cerebro pensante.

Mujeres, ¡tenemos que razonar al mismo tiempo que nos emocionamos y amamos! No podemos dejar, bajo ninguna circunstancia, que las emociones nos esclavicen. No basta con amar. Necesitamos evaluar y estudiar a esa persona que conocemos para saber si cualifica y si nos conviene. ¡No podemos convertirnos en salvadoras de hombres!

Errores cometidos en estos casos

Escoger una actitud de rebeldía.

Cuando una se cría en un hogar muy difícil, donde no es valorada, por lo general desarrolla una actitud de rebeldía. Sin embargo, somos dueñas de nuestras actitudes frente a todas las situaciones de la vida. Hay mujeres que han vivido circunstancias similares, y han decidido superarse y ser diferentes a los miembros del hogar que les vio nacer. En su caso, Isabel decidió ser igual a su hogar de origen.

Creer que eres una prostituta solo porque alguien te lo dice.

Es muy triste recibir palabras tan dolorosas, más aún si provienen de nuestros padres u otras personas que amamos. Pero de ellos, tenemos que aprender a asimilar y a creer solo lo que es bueno para nuestra vida; lo que persigue nuestro bienestar. Jamás podemos creer y mucho menos practicar lo negativo que ellos hicieron.

Desconocer el verdadero significado de la palabra amor.

Si confundimos el verdadero amor –que es profundo y se entrega– con el apasionamiento –que es superficial y pasajero– sufriremos toda la vida. Trataremos de buscar ese amor en lugares equivocados, lo que nos traerá más dolor y frustración.

Esclavizarse a sentimientos y emociones.

La persona que vive de sus emociones es como una veleta al viento; de acuerdo a cómo sopla el viento, hacia esa dirección apunta.

Estrategias para florecer

Si hay aspectos de esta situación con los que te identificas, debes seguir las siguientes recomendaciones.

🌿 **Decide perdonar.** La rebeldía conduce al fracaso y a la muerte porque es familia de la venganza. Si quieres ser libre, toma la decisión de perdonar, aunque no lo sientas. Cuando hay una carrera, los atletas llevan el menor peso posible. A nadie se le ocurriría participar en una carrera con botas de trabajo, mochila, abrigo y una maleta. Cuando corremos por la vida sin perdonar, emprendemos una carrera con exceso de equipaje. Perdonar no quiere decir que quien nos ofendió lo hizo bien; significa que aunque te ofendieron, tú decides perdonar la ofensa para liberarte. Al soltar el rencor, el odio y la amargura, quedas libre para crear y escribir un nuevo libreto para tu vida. Perdonar es una decisión. Alguien dijo una vez que odiar es como caminar con el freno de emergencia puesto. Yo lo creo así también. Odiar es mantenerte toda la vida nadando en una charca de aguas estancadas y malolientes. Cada vez que te mueves, remueves el mal olor y alborotas el sedimento que se acumula en el fondo; ensucias tu ropa y tu cuerpo, y contaminas a otros con esa putrefacción. Como resultado, vas por el mundo diseminando tu amargura y tu rencor, y tomando decisiones equivocadas porque salen de un corazón amargo, no de un corazón que ha perdonado y está lleno del amor de Dios. Perdonar es ser libre; es quitar el peso que nos hunde en las profundidades de la infelicidad. Es decidir que no puedo hacer nada con el pasado, pero sí puedo construir un buen futuro y ser feliz, si perdono en el presente.

❧ **Cambia la etiqueta.** No importa la etiqueta que te hayan puesto los que te rodean, ya sea de prostituta, de torpe, de que no llegarás a ser alguien en la vida o cualquier otra que sea negativa, tú y solo tú puedes quitártela de la mente y pegarte otras que digan: "Soy digna, soy importante, soy inteligente, soy bella, puedo alcanzar mis sueños". Decide comportarte de acuerdo a esta nueva etiqueta... ¿La vieja? ¡Échala al zafacón!

❧ **Aprende el verdadero significado del amor.** Si no aprendemos el significado correcto de lo que implica el amor, necesitamos buscar otro marco de referencia u otra fuente para aprenderlo. La Biblia tiene definiciones maravillosas del amor. Veamos lo que nos dice Juan 15:12–13 (RVR 1960): "*Este es mi mandamiento: Que os améis unos a otros como yo os he amado. Nadie tiene mayor amor que este, que uno ponga su vida por sus amigos*". El verdadero amor es amar como Cristo amó. Él dio su vida por ti y por mí, perdona nuestros errores y siempre permanece fiel. Ese debe ser nuestro modelo. El hombre que selecciones debe demostrar un amor incondicional, debe ser considerado, respetuoso, fiel; en fin, debe estar dispuesto a sacrificarse por su familia. Posiblemente estás pensando que ese hombre ideal no existe. Pues en ese pensamiento equivocado es que radica el problema. Esta clase de hombres sí existe, pero no es común porque lo que es excelente no abunda. Estoy segura de que es posible conseguir un hombre así porque yo tengo uno de ellos. Soñé con sus características cuando tenía 15 años y lo conocí cuando tenía 17. Hoy día tenemos 40 años de matrimonio y cada día se pone mejor porque hemos decidido cultivar el verdadero amor. Si no tenemos idea de lo que queremos, nos conformamos con lo que aparezca. Evalúa la relación que estás viviendo ahora. Si te maltrata, ya sea física, verbal o emocionalmente, entonces no estás disfrutando de una relación saludable. Mantén siempre presente que el verdadero amor apoya, considera, es desinteresado y no maltrata bajo ninguna circunstancia. Tú eres una criatura de Dios maravillosa, independientemente de cuán terrible haya sido tu hogar y de lo que te hayan hecho creer los que te rodean. Tú vales porque Dios te creó con un gran propósito. Eres un especial tesoro para Dios y debes ser tratada como tal.

❧ **Identifica cuáles emociones son buenas y cuáles te esclavizan.** Razona qué es lo bueno para tu vida y mantente firme en tus decisiones. Contrarresta el refrán que dice: "En el corazón nadie manda". Aprende a mandar en el corazón cuando te quiere llevar a la destrucción.

Ejercicios

De los errores mencionados en este capítulo, ¿cuáles has cometido?

_____ Me he creído las etiquetas negativas que me pusieron desde niña.

_____ Soy rebelde.

_____ Guardo rencor en mi corazón.

_____ Vivo en una relación de maltrato.

¿Estás dispuesta a hacer cambios?

¿Qué estrategias utilizarás para provocar esos cambios en tu vida?

Escribe lo que dice tu nueva etiqueta.

Semillas de Amor

¡Aspira siempre a lo excelente! Tú te lo mereces.

9

Actitud incorrecta

De ser seleccionada a aprender a seleccionar

Horror 28

Creer que te das a respetar por un hombre gritándole y diciéndole palabras soeces.

Horror 29

Creer que es saludable tener amigos con privilegios.

Horror 30

Creer que eres la seleccionada y que te ganaste un premio al ser escogida entre las siete mujeres que le tocan a cada hombre.

No es lo mismo seleccionar que ser seleccionada. Quien selecciona tiene una parte activa en la relación porque escoge de acuerdo a unos criterios que tiene en su mente. La persona seleccionada asume una actitud pasiva; se conforma con ser escogida y aceptada.

Cuando vas a comprar una cartera, buscas y te ocupas de ver todas las alternativas posibles. Evalúas precios, comodidad, calidad, color, utilidad. De acuerdo a esos criterios, seleccionas. En este caso, la cartera ocupa el lugar de "seleccionada", pues está allí esperando gustarle a alguien y luego se deja llevar por quien la elige.

En nuestra maravillosa vida –que se vive solamente una vez– no podemos asumir una actitud pasiva, ni sentir orgullo porque alguien nos seleccionó. Necesitamos asumir una actitud activa y evaluar estrictamente a cada varón que nos hace un acercamiento porque se siente atraído por nosotras.

Valdría la pena preguntarse por qué algunas mujeres pasan tanto tiempo escogiendo ropa, zapatos, carteras y otros artículos con una serie de exigencias, mientras a la hora de compartir con un hombre, se conforman fácilmente con ser elegidas. La realidad es que una cartera o un accesorio será utilizado por un tiempo relativamente corto; sin embargo, una relación podría durar toda la vida.

Cada una de nosotras debe sentirse orgullosa de ser quien es, y debe aspirar a lo mejor. Por eso, despierta y decídete hoy a elegir... no a ser elegida. Este paso representará una de las decisiones más determinantes de tu vida.

Cada una de nosotras debe sentirse orgullosa de ser quien es y debe aspirar a lo mejor.

Algo parecido le ocurrió a Juanita. Ella conoció a un hombre algo mayor que ella, quien de inmediato se sintió atraído y le pidió su número de teléfono. Sin reparos, ella le dio el número y, como por arte de magia, se sintió deslumbrada por aquel caballero. Él, como buen cazador en busca de su presa, comenzó a llamarla desde el próximo día. Y volvió a llamarla al día siguiente. Al tercer día, le dijo: "Sé que estás enferma, ¿puedo ir a verte a tu casa?". Juanita le contestó que sí, pues —sin saberlo— se sintió elegida. Él llegó a la casa, le dio el consabido abrazo de saludo y en solo media hora, ya ella era "cadáver". No, eso no significa que la asesinó físicamente, sino que en un tiempo tan corto como media hora, esta mujer ya había tenido relaciones sexuales con un individuo que apenas conocía.

Tú no eres privilegiada por ser la "elegida". Tú eres quien debe elegir.

Él continuó visitándola por aproximadamente una semana, hasta que le confesó que todavía amaba a su esposa. Ante esa confesión, Juanita lo insultó, le gritó palabras soeces y hasta lo jamaqueó de un lado a otro. Pero nada de eso impidió que al despedirse, él le diera un beso y ella lo recibiera. Después de ese incidente, él no regresó... y ahí quedó Juanita, destruida. Aunque se sintió engañada, como se creyó elegida por este hombre, se mantuvo pasiva hasta que llegó el desengaño. Ahora llora arrepentida y se pregunta cómo pudo caer en eso.

La persona que insulta no se gana el respeto de los demás.

La mujer necesita borrar totalmente —de su consciente y de su inconsciente— la costumbre de tener amigos con privilegios, pues estos tienen implicaciones sexuales. La amistad es para conocerse física y emocionalmente. El privilegio del sexo debe ser solo para aquel que decide unirse a ti en matrimonio para toda la vida.

El privilegio del sexo debe ser solo para aquel que decide unirse a ti en matrimonio para toda la vida.

Errores cometidos en estos casos

Sentirse "seleccionada".

Sentirse importante porque él fue quien se fijó en ella.

Darle su número de teléfono a un desconocido.

No tenía idea de quién era ese hombre (un maleante, un enfermo sexual, un hombre casado...) e inmediatamente le dio su número de teléfono.

Permitir que una persona que apenas conocía entrara a la privacidad de su hogar.

El hogar es un lugar sagrado. No le debes permitir acceso a alguien que apenas conoces.

Tener relaciones sexuales fuera del matrimonio... ¡y menos con un desconocido!

Las relaciones sexuales son algo muy íntimo que debemos compartir en el matrimonio, con un hombre que conozcamos muy bien.

Insultar, en lugar de darse a respetar.

La persona que insulta no se gana el respeto de los demás. Este se gana con acción, y poniendo límites en la relación. Ella se entregó automáticamente a un hombre sin conocerlo.

Estrategias para florecer

- ❧ **No asumas una actitud pasiva.** Recuerda que tú no eres privilegiada por ser la "elegida". Tú eres quien debe elegir.

- ❧ **Jamás le facilites tu número de teléfono a un desconocido.** Date valor. Si le interesas, debe esforzarse por volverte a ver. Debes estar alerta y evaluando los pasos que él dará de ahí en adelante.

- ❧ **Jamás le permitas la entrada a tu hogar a un desconocido.** No sabes si es un delincuente o un violador. Y aunque no lo sea, tu casa es un lugar que merece respeto y donde no todo el mundo debe tener acceso. Ya habrá tiempo para que te visite más adelante.

- ❧ **No te entregues a un hombre sin conocerlo.** Luego de que lo conozcas, si cualifica y reúne tus requisitos, comparte con él, pero sin que haya una entrega sexual. Esa entrega solo debe darse en el contexto del matrimonio. Si abres esa puerta antes de tiempo, la relación se echará a perder. Pero si te das a respetar y eres firme, el hombre que te pretenda te valorará.

- ❧ **Desarrolla firmeza.** Por supuesto, esta no surge por arte de magia; tienes que practicar. Proferir palabras soeces solo te resta valor y dignidad. Recuerda que tú eres alguien especial, creada a imagen y semejanza de Dios. Por lo tanto, debes hablar sabiamente y manifestar tu indignación sin denigrarte. Solo así te respetarán.

Ejercicios

¿Eres de las mujeres que eligen o de las que son elegidas?

¿Le has dado tu número de teléfono a un hombre que acabas de conocer? Menciona las consecuencias que tuvo esa acción.

¿A cuántos hombres que has conocido, tus hijos le han llamado papá?

¿Eres un buen ejemplo para tus hijos en lo referente a estabilidad emocional, firmeza de carácter y toma de decisiones? ¿Y en cuanto a tu acercamiento diario a la presencia de Dios?

Después de haber leído este capítulo, he decidido que desde este preciso momento voy a:

Semillas de Amor

Necesitamos un buen modelo de referencia para seleccionar un gran hombre. Si no lo has tenido, te presento a Jesús. Jamás desperdicies la libertad para elegir.

10

Malas decisiones

De la improvisación a trazar tu ruta en Dios

Horror 31

Negarte a tener relaciones sexuales con tu esposo para castigarlo.

Horror 32

Vivir improvisando sin haber trazado una ruta para tu vida.

Horror 33

Tener una vida líquida que se amolda a cualquier circunstancia.

Si hiciéramos una encuesta y seleccionáramos una muestra de cincuenta mil mujeres y les preguntásemos lo siguiente: Si visitaras un médico y te recomendara operarte de las amígdalas y luego descubrieras que el tal médico no tiene estudios formales en medicina, ¿le permitirías que te operara? ¿Lo volverías a visitar? ¿O le dirías que jamás lo permitirías porque no dejarías tu vida en manos de un inexperto para que improvisara una operación en la que pondrías en riesgo tu existencia?

Podemos tener la seguridad de que todas contestarían: "Jamás permitiría que alguien hiciera algo así en mi vida". Sin embargo, cuando las tengo en mi oficina de consejería y me cuentan sus historias de horror y de dolor, me doy cuenta de que han vivido sus historias improvisando una y otra vez, muriendo en cada operación que ellas mismas han realizado, al tomar decisiones basadas en puras emociones, sin pensar en las consecuencias.

Y es que la vida es una sola, es frágil, no tiene marcha atrás. Tampoco es un lápiz con goma con el que podemos borrar cada vez que nos equivocamos, ni un aeropuerto en el que me bajo de una decisión y me subo en la otra si no me gustan los resultados. Por esa razón tenemos que ser sumamente cuidadosas antes de dar cada paso, por pequeño que parezca, y pensar siempre que la obediencia a Dios debe estar presente en toda consideración.

Es imprescindible detenernos en el camino para decidir a dónde queremos llegar. Desde la fundación

del mundo vemos el ejercicio de la toma de decisiones y sus consecuencias. Dios creó a Adán y a Eva; y allí, en el Paraíso, donde todo era perfecto, Eva tomó una decisión que no solo la afectó a ella, sino que cambió completamente el destino de la humanidad. La serpiente tuvo una conversación con Eva y ella atendió las palabras engañosas del animal que la persuadió para que comiera del fruto que ya Dios le había dicho que no comieran. Eva miró el fruto y se dejó

Es imprescindible detenernos en el camino para decidir a dónde queremos llegar.

llevar por su apariencia y por la falsa promesa de que adquiriría sabiduría si lo comía. Pero, amiga querida, nada es bueno si para lograrlo debemos desobedecer la advertencia de Dios. Eva obedeció la mala influencia y convenció a su esposo, Adán, para que también comiera del fruto que ya Dios le había advertido que no comiera.

La serpiente era el más astuto de todos los animales salvajes que el Señor Dios había hecho. Cierto día le preguntó a la mujer: —¿De veras Dios les dijo que no deben comer del fruto de ninguno de los árboles del huerto? —Claro que podemos comer del fruto de los árboles del huerto —contestó la mujer—. Es solo del fruto del árbol que está en medio del huerto del que no se nos permite comer. Dios dijo: "No deben comerlo, ni siquiera tocarlo; si lo hacen, morirán". —¡No morirán! —respondió la serpiente a la mujer—. Dios sabe que, en cuanto coman del fruto, se les abrirán los ojos y serán como Dios, con el conocimiento del bien y del mal. La mujer quedó convencida. Vio que el árbol era hermoso y su fruto parecía delicioso, y quiso la sabiduría que le daría. Así que tomó del fruto y lo comió. Después le dio un poco a su esposo que estaba con ella, y él también comió. En ese momento, se les abrieron los ojos, y de pronto sintieron vergüenza por su desnudez. Entonces cosieron hojas de higuera para cubrirse.

(Génesis 3:1–7)

Las malas decisiones de Adán y Eva rompieron la perfección del paraíso. Tomamos buenas o malas decisiones, pero en algún momento estaremos colocando nuestros pies sobre las consecuencias, sea para bien o para mal. Quiere decir que esta vida que Dios nos ha regalado es una sola, por tanto, debemos planificarla y trazar la ruta desde el momento en que desarrollamos la conciencia de su fragilidad. La historia nuestra no es cuestión de suerte; es de obediencia a los principios divinos. Es permitir que nuestras convicciones marquen nuestro corazón, de tal forma que estas nos permitan escoger entre lo que parece delicioso y lo que es el deber, y escojamos el deber. Eso es construir nuestra existencia sobre una base sólida; eso implica trazar la ruta de nuestra vida.

La historia nuestra no es cuestión de suerte; es de obediencia a los principios divinos.

Cuando Josefina y su novio llegaron a mi oficina, ella tenía diecisiete y él dieciocho años. Ambos querían casarse porque ella había quedado embarazada. Josefina venía de un hogar destruido y él se había criado en uno en el que, por un lado, su padre lo maltrató, y por el otro, su madre lo permitió. Les expliqué cómo debían superar la historia del hogar de sus respectivos padres para que ni ellos ni sus hijos repitieran el dolor que ya habían experimentado en su hogar de origen. Se casaron con las mejores intenciones, pero cada uno repitió su historia en el hogar que formaron: él con sus gritos y sus palabras hirientes y ella con su equivocada manera de resolver los conflictos, sumado a su desorganización y abandono en las tareas del hogar. ¡Decisiones, decisiones… cuán importantes son!

> *Lo que decida hacer en el presente será lo que cosechará en su futuro.*

Sin pensar ni planificar, en medio del caos y el mundo caótico que ellos habían construido, trajeron a este mundo a tres hijos en menos de siete años. A los diez años de casada, Josefina se enamoró de otro hombre y salió embarazada de él. Se divorció de su esposo y se casó con el amante. Ahora tiene veintinueve años aproximadamente, cuatro hijos, un esposo similar al anterior, no ha podido trabajar porque no tiene quien le cuide a su bebé, vive con un cansancio eterno por lo que implica tener cuatro niños, y emocionalmente se siente sin

> *Cuando la integridad es la que nos define, somos personas sólidas porque ya nuestros principios nos definen.*

fuerzas. En medio de todas sus circunstancias llega a preguntarse: "¿Cómo llegué hasta aquí? ¿Cómo fui tan cruel con mi primer esposo?" Y todo porque no estructuró su vida, no trazó una ruta y vivió improvisando. Ahora está experimentando las consecuencias de haber vivido sin estructurar algo tan valioso como lo es su propia vida.

Las personas líquidas son como el hielo; su forma dependerá del molde en el que se vertió el agua.

¡Qué triste y lamentable fue para esta mujer el tener que admitir que solo ella ha sido la responsable de las circunstancias que ha creado! Josefina ya no puede volver atrás a eliminar lo que pasó, pero sí puede levantarse del dolor, arrepentirse de sus errores delante de Dios, perdonarse a sí misma y decidir estructurar su vida de acuerdo a los principios divinos y no a placeres ni a opiniones personales. Las opiniones personales son relativas, cambian de persona a persona y con los tiempos, pero los principios son para siempre. Matar, adulterar, robar, mentir, fueron, son y serán errores y pecados que dañaron, dañan y dañarán el corazón de quienes los practiquen. La Biblia dice:

Esto significa que todo el que pertenece a Cristo se ha convertido en una persona nueva. La vida antigua ha pasado, ¡una nueva vida ha comenzado!

(2 Corintios 5:17)

Josefina puede transformar su dolor y sus horrores cometidos, si ahora comienza a estructurar la ruta de lo que quiere llegar a ser en la vida y de lo que anhela formar en el

corazón de sus hijos. Lo que decida hacer en el presente será lo que cosechará en su futuro. Por eso es necesario que desarrolle un carácter sólido marcado por la voluntad de Dios para su vida.

El negarse sexualmente uno al otro aumenta la distancia en la pareja.

Cuando la integridad —no las amistades, ni el ambiente, ni las circunstancias— es la que nos define, somos personas sólidas porque ya nuestros principios nos definen. Pero cuando actuamos de acuerdo a "qué de malo tiene si todo el mundo lo hace" o de acuerdo a las emociones y no a las convicciones, cuando no tenemos forma propia, entonces somos personas líquidas. Las personas líquidas son como el hielo; su forma dependerá del molde en el que se vertió el agua.

Las mujeres sólidas son las que se ganarán el respeto de los demás. Son esas que se rigen por lo que es correcto y no por lo que la sociedad dicta. Son las que cuando el corazón dice "sí", ellas son capaces de decir "no, porque eso no es correcto, eso me daña, eso es un mal ejemplo, me denigra como mujer". Son aquellas que tienen dominio propio, no son vengativas y saben resolver conflictos sin denigrar ni faltarle el respeto a los demás.

Damaris llegó a mi oficina triste y con mucha ira contenida que quedaba al descubierto por su fuerte expresión facial. Habló de cómo su esposo la había decepcionado porque no la ayudaba en ninguna tarea del hogar, era un insensible, complacía demasiado a sus hijos, y por esa y otras razones no tenía relaciones sexuales con él. Luego de finalizar el diálogo con ella y de hacerle todas las recomendaciones, le sugerí que trajera a su esposo a la próxima cita. Cuando llegó el día de reunirnos, salieron a relucir muchísimos detalles que ella había obviado. Damaris tenía un temperamento muy fuerte. No sabía mantener un diálogo amable en el que su esposo se sintiera seguro y le pudiera comunicar sus inquietudes, frustraciones y necesidades emocionales. Para agravar la situación, hacía un año que su esposa no le permitía ningún acercamiento sexual.

Es innegable que la mujer tiene una influencia poderosa en el hogar, sea para bien o para mal. Eso no quiere decir que ella es la responsable de todo cuanto pasa en el hogar, sino que tiene una capacidad sin igual para comunicar, leer emociones y persuadir. La Biblia dice que *"la mujer sabia edifica su casa y la necia con sus propias manos la destruye"*. La mujer sabia entiende que el negarse sexualmente a su esposo no resuelve los problemas, por el contrario, añade otro desacuerdo a la lista ya existente. Hoy día los novios quieren sostener relaciones sexuales y muchas parejas casadas las evaden. La Biblia habla claro sobre este tema:

Sin embargo, dado que hay tanta inmoralidad sexual, cada hombre debería tener su propia esposa, y cada mujer su propio marido. El esposo debe satisfacer las necesidades sexuales de su esposa, y la esposa debe satisfacer las necesidades sexuales de su marido. La esposa le da la autoridad sobre su cuerpo a su marido, y el esposo le da la autoridad sobre su cuerpo a su esposa. No se priven el uno al otro de tener relaciones sexuales, a menos que los dos estén de acuerdo en abstenerse de la intimidad sexual por un tiempo limitado para entregarse más de lleno a la oración. Después deberán volverse a juntar, a fin de que Satanás no pueda tentarlos por la falta de control propio. (1 Corintios 7:2–5)

El negarse sexualmente uno al otro aumenta la distancia en la pareja y expone a su cónyuge a ser sensible a cualquier insinuación de alguien extraño. Fíjate que dije "hacer sensible", porque nadie es responsable de la infidelidad de otro. Quien tiene convicciones arraigadas, muere por sus convicciones porque vence la tentación con su fidelidad a Dios.

¿Quieres edificar una vida fructífera? No improvises más.

¿Quieres edificar una vida fructífera? No improvises más con la vida valiosa que Dios te ha regalado. Desarrolla un carácter sólido con los materiales que están en La Biblia, de tal manera que no te acomodes al pensamiento líquido de esta sociedad que proclama a viva voz "si te gusta y te hace 'feliz', hazlo", sino que puedas decir: "Aunque parece delicioso y placentero, no lo voy a hacer porque eso no agrada a Dios, por tanto no me conviene". Graba en tu corazón este consejo que Dios nos da a través de su Palabra:

Ustedes dicen: «Se me permite hacer cualquier cosa», pero no todo les conviene. Dicen: «Se me permite hacer cualquier cosa», pero no todo trae beneficio. (1 Corintios 10:23)

Seamos mujeres sabias y planifiquemos nuestra historia para que nuestra familia tenga maravillosos eventos qué contar.

Los prudentes saben a dónde van, en cambio los necios se engañan a sí mismos.   (Proverbios 14:8)

Errores cometidos en estos casos

No planificar la historia de su vida.

Tener relaciones sexuales antes de casarse.

Casarse por estar embarazada.

Ser infiel a su esposo.

No haber desarrollado un carácter firme.

Repetir la historia de sus padres.

Castigar a su esposo evitando las relaciones íntimas, en lugar de resolver asertivamente los conflictos usando el diálogo eficaz.

Abandonar las responsabilidades del hogar.

Estrategias para florecer

Si te has identificado con los errores cometidos en estos casos, no te sientas culpable; asume la responsabilidad y decide cambiar el rumbo de tu historia.

   ❧ **Construye tu futuro hoy mismo.** Tu vida es una historia con un principio que no pudiste escoger, pero tienes un futuro que puedes construir tú y no dejárselo "a la suerte". Naciste porque tus padres tuvieron una relación sexual y Dios permitió que se diera la concepción. Desde el momento en que cobras conciencia de la importancia que tiene cada decisión que tomas, debes detenerte y reflexionar: "¿Qué lugar ocupa Dios en mi vida? ¿Para qué llegué a este mundo? ¿Cómo voy a administrar mi única vida?" Jamás debes olvidar que nuestra existencia no es cuestión de suerte, sino de las decisiones que vamos tomando.

   ❧ **Jamás tengas relaciones sexuales sin casarte.** Eso es fornicar. Dios sabía que fornicar no nos convenía. Por eso nos dice: *"Huid de la fornicación. Cualquier otro pecado que el hombre cometa, está fuera del cuerpo; mas el que fornica, contra su propio cuerpo peca"* (1 Corintios 6:18 RVR 1960). Si lo has hecho, arrepiéntete y decide no volverlo a hacer. Esta acción te denigra y no te permite ganarte el respeto del hombre. El hombre piensa "esta con poco se conforma". Nunca olvides que todo lo valioso se legaliza; y tú eres una prenda especial, con un valor incalculable. No te regales. Tener relaciones sexuales con el hombre que amas, solamente en el vínculo del matrimonio, le dice al hombre y a ti misma que te respetas. Hoy puedes empezar un nuevo libreto para tu vida.

> ❧ **El embarazo no debería ser la razón para casarse.** He visto mujeres que sostuvieron una relación íntima con un adicto a las drogas o con un alcohólico, quedaron embarazadas y se casaron. El resultado, ya se lo imaginan, es una cadena de sufrimientos. Esa es otra de las razones que te indican que no debes tener sexo antes de casarte. Nos deberíamos casar después de un noviazgo en el que hayamos observado si las características que buscábamos en un hombre las hemos identificado en ese novio con quien estamos compartiendo. Recuerda siempre que ese será el padre de los hijos que vas a tener.

> ❧ **Nunca bajes los estándares de calidad a la hora de seleccionar tu compañero de vida.** ¿Has pensado qué características debe reunir la persona con quien te cases, o te enamoras a ciegas sin evaluar a ese hombre? El hombre que selecciones debería reunir unas características que ya previamente debes haber estipulado: que ame a Dios, sea responsable, actúe con sabiduría, sea un buen administrador, sea sensible, exprese sentimientos, sea trabajador, tenga firmeza de carácter, tenga dominio propio, mantenga una buena relación con su familia y con la tuya, sea emprendedor, entre otras características que seguramente tú le añadirás.

> ❧ **No cometas adulterio.** El principio de la infidelidad es muy dulcecito porque la persona está bañada en pasión y tiene cegado el entendimiento. Pero

cuando esa pasión se apaga, queda la cruda realidad y te das cuenta de que cambiar de esposo no es la solución a los problemas de tu matrimonio. Además, te sientes miserable al ver cómo te has denigrado y finalmente ese hombre no confiará en ti. Y sobre todas las cosas, has faltado al mandamiento: "No adulterarás". Si ahora estás pasando por ese proceso, el mundo no se ha acabado ni tu vida tampoco. ¡Dios siempre está dispuesto a perdonarte! Pide perdón a los involucrados en la situación, perdónate a ti misma y sé muy feliz.

❧ **Desarrolla un carácter firme.** Quien lo ha desarrollado sabe lo que quiere y hacia dónde quiere dirigir su familia. El carácter es la forma particular en que cada individuo responde frente a lo que le acontece y cómo percibe a los demás, de acuerdo a los hábitos de comportamiento que ha ido adquiriendo durante su vida. En resumen, es la marca que ha dejado tu hogar de origen y te define. ¿Qué te define? ¿El ser firme o el ser variable? ¿Dices algo hoy, y mañana respondes de otra forma? ¿O eres de las personas que tienen criterio propio, defienden sus convicciones y se mantienen íntegras independientemente de las circunstancias? Si no aprendiste a ser firme, hoy debes saber que puedes desarrollar un carácter firme, porque se pueden dejar de aprender malos hábitos y comenzar a adquirir nuevos.

❧ **Cuídate de repetir la historia de tus padres cuando ha sido perjudicial en tu desarrollo emocional.** Es un error grave que afecta nuestra vida y la de los hijos que podamos llegar a tener porque repetimos el patrón de conducta, lo continuamos enseñando a otros con nuestro ejemplo y como consecuencia, lo perpetuamos de generación en generación. Es como decidir sembrar una mala semilla para repetir los malos frutos que hemos comido. En lugar de repetir la historia de tus padres, decide superarla. Por más buena que haya sido, siempre hay espacio para aprender y perfeccionarte.

❧ **Castigar a tu esposo privándolo de relaciones sexuales es una práctica que no beneficia en nada la relación matrimonial.** En lugar de eso, levanta un muro en la pareja, prepara un terreno fértil para la infidelidad y crea una atmósfera fría y tensa en el hogar. Los problemas se resuelven con un diálogo sincero y prudente que llegue al corazón de la pareja, y no castigando.

❧ **Nuestro hogar necesita lo mejor de nuestras vidas.** Abandonar las tareas del hogar es decir "no me amo a mí misma ni amo a los que me rodean". Porque el amor es el motor que prende nuestro servicio a Dios, a nosotras mismas y a los demás. Cuando amamos, el servir nos dignifica; no nos humilla, sino que nos enaltece. Le decimos a todos con nuestro servicio: "Los amo con todo mi corazón, son importantes para mí".

Ejercicios para florecer

1. ¿Qué deseas haber logrado cuando llegues a los cincuenta, a los sesenta y a los ochenta años?

2. ¿Qué recuerdos quieres dejar plasmados en el corazón de quienes te rodean?

3. ¿Cómo permitirás que te traten los demás?

4. ¿Crees en castigar al esposo privándolo de sexo? ¿Por qué?

5. Describe tu carácter. Coloca tus fortalezas en una columna y tus debilidades en otra. Describe qué vas a hacer para superar las debilidades y enriquecer tus fortalezas.

6. ¿Eres una persona líquida o sólida?

Semillas de Amor

Mi vida está dirigida, no por lo que me gusta, sino por lo que es correcto.

11

Prioridades invertidas

De rescatista a protagonista

Horror 34

Conformarte con ser víctima cuando puedes ser una mujer vencedora

Horror 35

Casarte y querer seguir viviendo como soltera

Estamos viviendo en la era de las víctimas. De acuerdo al diccionario, una víctima es una persona que padece daño por culpa ajena o por causa fortuita es decir,[1] por una situación no programada. Esta es la época en la que más huérfana ha sido "la culpa". La coloco entre comillas porque prefiero la palabra responsabilidad, aunque es más popular el vocablo "culpa".

La mayoría de las personas piensan que ellas no son responsables de sus actos, así que quienes las han herido o las han agredido de alguna forma, son los verdaderos "culpables" de cómo ellas se sienten y de la calidad de vida que están viviendo. Pensar de esa manera les convierte en víctimas de su agresor o de su ofensor porque viven segurísimas de que la raíz de las causas de sus males está en los demás. Ellos son los que necesitan cambiar para que cambie el estado de victimización en que ellas viven.

Estas mujeres son incapaces de comprender que para que exista un agresor, es necesario que esté presente alguien que se deje agredir. Por tanto, la responsabilidad o "la culpa" como ellas dicen, la tiene el otro, y ellas no tienen nada que ver con lo que ha pasado. Frente a ese razonamiento, se quedan sufriendo victimizadas, creyendo firmemente que no pueden hacer nada para salir de esa relación esclavizante. Algunas llegan a pensar que el agresor tiene todo el derecho sobre ellas porque es su esposo y otras creen que ellas mismas lo han provocado.

Hoy quiero decirte que hasta que la mujer no entiende que ella es la que necesita poner límites de respeto en toda relación, ya sea de trabajo, de familia o de amor, seguirá siendo una víctima de las circunstancias, sufriendo maltrato y desamor, sin saber que ella es la única que tiene la llave para salir del cautiverio mental que la tiene sumida en una relación destructiva.

Ella es la única que tiene la llave para salir del cautiverio mental.

El Dr. Ernesto Lammoglia, psiquiatra, en su libro *El amor no tiene por qué doler*, afirma: "La reacción de una persona sana ante la primera señal de violencia es retirarse. Quien no lo hace y continúa creyendo que no volverá a suceder, tiene un problema y requiere ayuda".[2]

La reacción de una persona sana ante la primera señal de violencia es retirarse.

Si como dice el Dr. Lammoglia, la reacción de una persona sana ante la primera señal de maltrato es retirarse, quiere decir que la que se queda en la relación está enferma.

El ser humano tiene la tendencia de hacer un hábito de toda actividad repetitiva. Por esa razón es que la gente se llega a acostumbrar hasta a sufrir. Por lo general, estas mujeres, aunque no admiten que están enfermas, son adictas a las relaciones destructivas. Esconden su enfermedad actuando como rescatistas porque erróneamente piensan que su misión es salvar al "pobre maltratador" que fue tan sufrido en su niñez. Otras prefieren soportar maltrato para no ser abandonadas, y otras porque piensan en el abandono económico. A eso le añadimos que el rescatar les hace sentir que son valiosas porque están redimiendo a un perdido.

El ser humano tiene la tendencia de hacer un hábito de toda actividad repetitiva.

Jaime llegó a mi oficina muy preocupado porque desde niño vio cómo su padre maltrataba a su mamá y a todos sus hijos. Me comentó que su padre era un hombre con un temperamento que infundía temor a toda la familia. Ahora Jaime estaba casado y veía cómo su madre seguía cumpliendo años de casada al lado de aquel hombre iracundo e hiriente. Más adelante, trajo a su madre a consejería, pero ella trajo sus oídos y su corazón cerrados a toda la enseñanza que iba a recibir. Hoy día ella ha celebrado los cincuenta años de martirio al lado del papá de Jaime, como si él fuera el hombre más noble del mundo.

La madre de Jaime se acostumbró al maltrato; está adicta a una relación dañina. Fíjate que vino a mi oficina no por iniciativa propia, sino por complacer a su hijo. ¡Qué desgracia tan grande desperdiciar en una relación destructiva el precioso tiempo de vida que Dios nos ha regalado para compartirlo en familia y para desarrollar al máximo nuestras capacidades! Se nos va la juventud, la existencia entera y junto con nuestro cuerpo, entierran nuestras capacidades, las ilusiones y los sueños. ¿Te imaginas cuántos sueños, deseos, ilusiones y capacidades veríamos en los cementerios si fuera posible verlos? La madre de Jaime está muerta en vida y ha permanecido en la relación como una "rescatista".

La mujer rescatista se deja arrastrar por su esposo maltratador hasta que muere emocionalmente.

La mujer rescatista se deja arrastrar por su esposo maltratador hasta que muere emocionalmente y hasta en ocasiones físicamente, creyendo que él es la víctima que necesita de su ayuda para salvarse. No se da cuenta de que la verdadera víctima es ella y él es su victimario. Es importante señalar que en trabajos de rescate, una de las lecciones más importantes que debe aprender el rescatista, es que debe auxiliar a una persona mientras su propia vida no corra peligro. Es bueno amar y ayudar, pero hay que hacerlo con sabiduría.

Mientras unas mujeres mueren emocionalmente quedándose en relaciones destructivas, otras mueren y destruyen su hogar creyendo que están disfrutando al máximo su vida, sencillamente porque están viviendo la "vida loca". Estas no quieren asumir las responsabilidades correspondientes ni a la vida de casadas, ni a la voluntad de Dios para sus vidas.

Hace varios años una mujer me decía: "La vida de casada no me gusta. Antes, cuando salía del trabajo y llegaba a mi casa, me acostaba a dormir un buen rato. Ahora tengo que llegar a recoger la casa, a cocinar y a atender los niños. El trabajo del hogar no se acaba y la casa me aburre. Me encantaba salir con mis amigas los fines de semana, pero a mi esposo no le gusta la idea y las veces que lo he hecho ha sido un problema. Ya le dije que así me conoció y así lo seguiré haciendo".

> *La vida, tarde que temprano, se encarga de pasarnos la factura.*

Ese concepto equivocado de lo que implica ser una mujer casada ha traído como consecuencia el caos que se está viviendo hoy en muchos hogares. Si los hombres y las mujeres que se casan quieren vivir como solteros, ¿quién se encargará de amar, educar y disciplinar a los hijos? ¿Quién les enseñará valores si lo primero que necesitamos aprender es que la vida está dividida en etapas? Nacemos, pasamos por la niñez, luego la adolescencia, la juventud, la adultez y al final, la ancianidad. Cada uno de esos períodos tiene sus encantos, pero no podemos permanecer en ninguno de ellos para siempre. La mujer y el hombre que quieren permanecer en la juventud, porque les hastían las responsabilidades de la adultez, no han madurado y perjudicarán el hogar que establezcan y los hijos que puedan tener.

El tiempo que queda después de salir del trabajo es corto y si se diluye en tantas otras actividades, el hogar muere de inanición en cuanto a atención. Nunca olvidemos que nuestra vida le pertenece a Dios, es una sola y no volveremos a pasar por ella otra vez, por tanto, vívela a plenitud porque en algún momento le tendremos que rendir cuentas a nuestros hijos y a Él. La vida, tarde que temprano, se encarga de pasarnos la factura. Además, no hay mayor satisfacción que sentir que hemos cumplido con nuestro deber responsablemente.

Gente joven: ¡la juventud es hermosa! Disfruten de cada momento de ella. Hagan todo lo que quieran hacer, ¡no se pierdan nada! Pero recuerden que tendrán que rendirle cuentas a Dios de cada cosa que hagan.

(Eclesiastés 11:9)

Errores cometidos en estos casos

Creerse víctima de las circunstancias, cuando Dios te capacita para vencer el mal.

Convertirse en "rescatista" en lugar de salir del cautiverio del maltrato.

No somos rescatistas. Somos mujeres valiosas que sostendrán una relación de amor solo con quien nos ame y nos respete.

Querer seguir viviendo como soltera, después de casada. ¡Ya no eres una adolescente!

No poner límites de respeto en la relación.

Los límites bien puestos le dicen a los demás, sin que medien palabras, solo con lenguaje no verbal: "Eso no te lo voy a permitir, respétame".

Estrategias para florecer

> **Decídete a dejar el papel de víctima, de "pobrecita yo" y asume el de protagonista.** La pena nos conduce a menospreciarnos, a sentirnos fracasadas. No podemos dejarnos caer esperando que alguien nos levante. Dios nos ha capacitado con un cerebro para pensar, pero de nosotras depende con qué alimentamos nuestra mente. Si nutrimos nuestra mente con el bien, actuaremos bien y venceremos el mal. Si la nutrimos con maldad y con pasiones desordenadas, seremos vencidas por el mal. Por consiguiente, nuestro caminar será amargo, lleno de vacíos y el final será la muerte emocional y espiritual. La Palabra de Dios dice: *"El temor del Señor es la base de la verdadera sabiduría; todos los que obedecen sus mandamientos crecerán en sabiduría. ¡Alábenlo para siempre!"* (Salmo 111:10).

> **¡Mujer, valórate! No rescates a quien te está haciendo daño.** Reconoce las señales de maltrato y no te quedes al lado de alguien que te hará morir emocionalmente día a día. Permite que quien te está haciendo daño experimente consecuencias por sus actos. Ten presente en todo momento que ya Cristo pagó el precio en la cruz del calvario por cada una de nosotras. No hay ninguna razón para hacer más sacrificios ni permitir ningún tipo de abuso. ¡No tienes que rescatar a quien te maltrata! Cuando tratas de vivir tu vida y la de otros al mismo tiempo, no dejas que los demás maduren y experimenten consecuencias por sus malos actos. De esa forma, ellos no

aprenden a vivir y tú te quedas atrapada eternamente en tus circunstancias. Por eso yo digo siempre: "para que se mueran dos (emocionalmente), que se muera uno y que no sea yo". Cuando una persona no es rescatada por otra, tiene que enfrentar las consecuencias de su mal proceder y tiene la oportunidad de experimentar la promesa del salmista: "[Jehová es] *el que rescata del hoyo tu vida*" (Salmo 103:4 RVR 1960). Abundan las personas que necesitan "tocar fondo" para poder recapacitar sobre su forma equivocada de vivir, y decidirse por buscar de Dios y restaurar su vida. Es importante que cada individuo pueda desarrollar una relación íntima con Dios, en la que dependa de su fe cuando se presenten circunstancias que parezcan imposibles de resolver. Es precioso el apoyo que se ofrece en la familia cuando un miembro lo necesita, pero nunca la familia debe impedir que las personas crezcan emocional y espiritualmente, enfrentando por sí mismas las situaciones adversas y buscando soluciones creativas para estas.

❧ **Disfruta cada una de las etapas de tu vida.** Extrae la miel y lo amargo de cada una de ellas; la miel para disfrutar del dulce sabor de los momentos felices y la amargura para edificar y fortalecer tu carácter. Valora cada minuto de tu vida y no saltes etapas ni quieras quedarte en una de ellas. Cada período tiene sus encantos. Quienes viven como solteras, sin reconocer que ya tienen que invertir el tiempo en su familia, habrán dejado de disfrutar el tesoro más grande que tenemos: nuestra familia. Esas son las que en el período de la vejez, se quedan solas porque no marcaron a sus hijos con su amor y su dedicación.

En toda relación interpersonal es imprescindible poner límites. No podemos permitir que todo el que quiera y cuando quiera garabatee nuestra vida. Por tanto, nosotras somos las que ponemos los límites: qué vamos a permitir y qué no vamos a permitir. Para poder trazar esa línea imaginaria que establece un límite que nadie puede saltar, es necesario ganarnos el respeto de los demás, siendo íntegras y firmes en nuestras convicciones.

Ejercicios

1. ¿Has colocado a Dios en primer lugar para que dirija tus pasos?

2. ¿Eres una víctima o una protagonista que ha superado las circunstancias adversas con las que se ha encontrado?

3. ¿En qué etapa de tu vida te encuentras? ¿La has sabido valorar?

4. ¿Eres consciente de que somos responsables de nuestra manera de vivir?

5. ¿Has perdonado a quienes te han hecho daño o todavía estás culpando a otros del estado en que te encuentras actualmente?

6. ¿Te has perdonado a ti misma y vives libre de culpa?

7. ¿Qué piensas de la siguiente premisa?: "Él es mi esposo y tiene derecho a maltratarme".

8. Después de haber leído este capítulo, ¿qué plan de acción has preparado para salir de los horrores cometidos?

Semillas de Amor

Permite que el amor de Dios sature tu vida y aprende
a amar saludablemente. ¡No puedes amar a otros más
que a ti misma!

Conclusión

¡Mujer, Dios te creó como un ser muy especial! La vida que Él te ha regalado es para manifestar su gloria y su poder sobre ti. Eres valiosa, digna, maravillosa y fuiste creada para ser amada y respetada. No eres el producto de la casualidad o de la suerte, por tanto, tienes una identidad definida que te ha otorgado quien te creó.

¿Quiénes somos nosotras? ¿Cuál es tu identidad? ¿Por qué, si somos valiosas, algunas viven tan indignamente, soportando lo que no se debe soportar y actuando como si no fueran dignas?

La Palabra de Dios nos dice que por cuanto todos pecamos, todos teníamos la necesidad de ser perdonados. Como no nos podíamos salvar a nosotras mismas, Dios derramó su amor al enviar a su hijo Jesús a morir por nuestros pecados y es así como se restaura nuestra relación de amor y amistad con Dios. Jesús llevó en su cuerpo el castigo que toda la humanidad merecía; y al aceptarlo como nuestro Salvador y arrepentirnos de nuestros pecados, nos convertimos en los hijos e hijas amados de Dios. Solo así reconocemos nuestra verdadera identidad y comenzamos a pensar, sentir y actuar como lo que somos: "las hijas del Dios viviente". Así lo explica el apóstol Pablo:

> Pero Dios mostró el gran amor que nos tiene al enviar a Cristo a morir por nosotros cuando todavía éramos pecadores. Entonces, como se nos declaró justos a los ojos de Dios por la sangre de Cristo, con toda seguridad él nos salvará de la condenación de Dios. Pues, como nuestra amistad con Dios quedó restablecida por la muerte de su Hijo cuando todavía éramos sus enemigos, con toda seguridad seremos salvos por la vida de

su Hijo. Así que ahora podemos alegrarnos por nuestra nueva
y maravillosa relación con Dios gracias a que nuestro Señor
Jesucristo nos hizo amigos de Dios.   (Romanos 5:8–11)

Mujeres preciosas, no deambulen más buscando el amor y
el valor que solo Dios nos puede dar. Hasta que no reconozcan
su verdadera identidad y puedan ver que independientemente
de quién las crió, lo más importante es quién las creó, seguirán
viviendo mendigando amor, aceptación y ser valoradas. Deja ya
el camino de la víctima que va por la vía dolorosa y comienza a
verte como Dios te ve. Manifiesta con tus decisiones, actitudes
y tu manera de vivir que eres una prenda especial de valor incalculable, con un gozo y una alegría de vivir indescriptibles. Hasta
que sola no aprendas a ser feliz, no podrás enamorarte de un
buen hombre valioso y digno como tú.

Hoy es el mejor día para decir: "Señor Jesús, entra a mi corazón, perdona mis pecados y acéptame como tu hija porque reconozco que mi desobediencia me desconectó de tu presencia,
pero en este instante me humillo delante de ti y reconozco que
solo en ti hay salvación". Si tú aceptas que el sacrificio de Jesús
en el calvario también lo hizo por ti, te conviertes en hija de Dios
y formas parte de la familia de Dios. Todas somos creación de
Dios, pero solo somos sus hijas cuando reconocemos que hemos
pecado, aceptamos a Jesús como nuestro Salvador y vivimos de
acuerdo a sus enseñanzas:

Pero ustedes no son así porque son un pueblo elegido. Son
sacerdotes del Rey, una nación santa, posesión exclusiva de
Dios. Por eso pueden mostrar a otros la bondad de Dios, pues
él los ha llamado a salir de la oscuridad y entrar en su luz
maravillosa. «Antes no tenían identidad como pueblo, ahora
son pueblo de Dios. Antes no recibieron misericordia, ahora
han recibido la misericordia de Dios». Queridos amigos, ya

*que son «extranjeros y residentes temporales», les advierto
que se alejen de los deseos mundanos, que luchan contra el
alma. Procuren llevar una vida ejemplar entre sus vecinos no
creyentes. Así, por más que ellos los acusen de actuar mal,
verán que ustedes tienen una conducta honorable y le darán
honra a Dios cuando él juzgue al mundo. Por amor al Señor,
respeten a toda autoridad humana, ya sea el rey como jefe
de Estado o a los funcionarios que él ha nombrado. Pues a
ellos el rey los ha mandando a que castiguen a aquellos que
hacen el mal y a que honren a los que hacen el bien.*

(1 Pedro 2:9–14)

Eres la hija del Dios Viviente, y como hija de un Dios
Todopoderoso estamos marcadas con su amor, su capacidad
creativa, su apoyo y su cuidado especial.

La Palabra de Dios dice que somos linaje escogido, nación
santa; sin embargo, en el camino de la vida, probablemente
te has desviado y has tomado caminos incorrectos que te han
llevado a sufrir maltrato y a vivir una calidad de vida inferior.
Posiblemente tengas grabadas en tu corazón muchas marcas y
cicatrices de sufrimiento... ¡pero hoy es el gran día!

Mujer, ¡decídete a ofrecer tu corazón a Dios! Decídete a vivir
honrosa y dignamente, como ese especial tesoro que Dios creó.
Quiérete y actúa como alguien de valor. Demuéstralo en tu manera de ser, de hablar, de vestir, de escoger tus amistades, en tu
trabajo; en fin, en todo lo que hagas, manifiesta que eres una mujer excelente y digna. Solo así ganarás el respeto y la admiración
de todos los que te rodean y, sobre todo, de ti misma.

Es mucho lo que puedes hacer por ti. Basta que decidas manejar las situaciones que se te presentan día a día con la paz que
solo Dios siembra en un corazón arrepentido y dispuesto a seguir su Palabra. Al igual que en un juego de ajedrez, tan solo el

movimiento de una pieza es suficiente para transformar toda la jugada. Una decisión correcta o incorrecta cambiará el rumbo de tu vida. Quiere decir que la transformación de la novela de tu existencia descansa en ti y en la conexión que logres con Dios. ¿Cuándo quieres comenzar? ¿Qué plan quieres desarrollar para lograrlo? Medita en estos versículos de Salmos 37:

Confía en el Señor y haz el bien; entonces vivirás seguro en la tierra y prosperarás. Deléitate en el Señor, y él te concederá los deseos de tu corazón. Entrega al Señor todo lo que haces; confía en él, y él te ayudará. Él hará resplandecer tu inocencia como el amanecer, y la justicia de tu causa brillará como el sol de mediodía. Quédate quieto en la presencia del Señor, y espera con paciencia a que él actúe... El Señor dirige los pasos de los justos; se deleita en cada detalle de su vida.
(Salmos 37: 3–7, 23).

Sigue la ruta trazada en la Palabra de Dios para todas las que lo amamos y comprenderás que, a pesar de las circunstancias y de los errores que se cometen en el caminar por la vida, puedes disfrutar de la alegría de vivir y de ser mujer.

¡Eres alguien especial!... ¡Decídete a ser feliz!

Te amo y te bendigo hoy y siempre,
Norma Pantojas

Notas

Introducción

1. John Wijngaards, traducido por Xavier Arana, "Las mujeres fueron consideradas criaturas inferiores," Wijngaards Institute for Catholic Research, www.womenpriests.org (consultado en línea el 15 de enero de 2015).

2. J. Lee Grady, *10 mentiras que la iglesia le dice a las mujeres* (Lake Mary, FL: Casa Creación, 2000), 27.

Capítulo 1

1. Véase www.unionhispanoamericana.ning.com/group/poemas-inmortales-de-todos-los-tiempos-y-latitudes/forum/topics/hombres-necios-que-acus-is-sor-juana-in-s-de-la-cruz (consultado en línea el 18 de febrero de 2015).

Capítulo 5

1. Paul Hegstrom, traducido por Gladys Aparicio, *Hombres violentos y sus víctimas en el hogar: cómo romper el ciclo del maltrato físico y emocional* (Kansas City, MO: Casa Nazarena de Publicaciones, 2001).

Capítulo 8

1. Daniel Goleman, traducido por Elsa Mateo, *La inteligencia emocional* (Barcelona, Spain: Zeta Bolsillo, 2009).

Capítulo 11

1. Diccionario de la lengua española 2005 Espasa Calpe, www.wordreference.com/definición/víctima (consultado en línea el 15 de enero de 2015).

2. Ernesto Lammoglia, *El amor no tiene por qué doler* (México: Random House, 2007), 25.

Referencias

- Augsberger, David. *El amor que nos sostiene: sanidad y crecimiento espiritual en la vida matrimonial.* Traducido por Elsa Romanegui de Powel. 1988. Reimpresión, Miami, FL: Editorial Betania, 1994.

- Delashmutt, Gary & Mccallum, Denis. *El mito del romance.* Traducido por Eugenio Orellana. 1996. Reimpresión, Nashville, TN: Editorial Betania, 1997.

- *La Biblia al día.* México D.F.: Sociedad Bíblica Internacional, 1979.

- Thompson, Frank Charles. *Biblia de referencia Thompson.* Miami, FL: Editorial Vida, 1987.

Acerca de la Autora

Norma Pantojas nació en Puerto Rico. Posee una maestría en Consejería de Familia y un doctorado en Consejería Cristiana. Está certificada como mediadora de conflictos y como árbitro en la solución de conflictos. Por varios años enseñó cursos de Español en el Colegio Puertorriqueño de Niñas, en San Juan, Puerto Rico, lo que le permitió conocer de cerca cómo piensan y actúan las mujeres en las diferentes etapas de su vida.

Sus palabras y consejos han llegado a miles de personas y hogares a través de los medios de comunicación seculares y cristianos, escritos y televisivos. Ha colaborado en programas como Levántate y Día a Día, que se transmiten por Telemundo a nivel internacional, y fungió como animadora y consejera en un programa mañanero durante varios años.

Es conferencista en temas de la mujer y la familia, tanto en Puerto Rico como en el extranjero.

Pantojas inició su exitosa trayectoria como escritora en el año 2006 con la publicación del éxito de librería *Los 30 horrores que cometen las mujeres y cómo evitarlos*. A esa publicación le siguieron: *Los 30 horrores que cometen los hombres y que toda mujer debe saber*; *Mujer, ¡apriétate el cinturón! Es tiempo de ajustar* tu vida; *Sexo, lo que muchas practican y pocas conocen; Lo que pasó, pasó;* y *Decídete a triunfar.*

Ahora nos sorprende con una Nueva versión extendida de *Los 30 horrores que cometen las mujeres y cómo evitarlos.* En este incluye cinco horrores nuevos con sus respectivas estrategias para florecer en la vida, y enriquece los capítulos con información valiosa dirigida a restaurar a la mujer.

Norma afirma: "Me siento feliz, realizada como mujer, madre, esposa y como profesional. Estoy convencida de que cuando Dios es el centro de nuestras vidas y estamos en la disposición de amarle, obedecerle y serle fiel, la vida fluye con gracia y podemos vencer los obstáculos que se nos presentan durante nuestro caminar por ella. Por eso estoy de acuerdo con el que una vez dijo: 'La vida se vive una sola vez, por tanto, planifícala'".

Norma está casada con Jorge Pantojas desde hace 40 años, y tienen tres hijos.

La autora está disponible para conferencias, seminarios y talleres. Para contrataciones, favor de comunicarse con Celi Marrero:

Celimarrero@gmail.com

Para comentarios y sugerencias puedes escribir:

Norma Pantojas
P.O. Box 2348
Bayamón, Puerto Rico 00960
www.normapantojas.com
normapantojas@gmail.com
Facebook.com/NormaPantojas